Cromosys Publication

English Speaking and Grammar Through Hindi

NIRANJAN JHA SHOWMAN

+91-9561450045
Learn Advanced Skills
And Get Job Instantly
GERMAN
Python
FRENCH
C++
SPANISH
Java
ENGLISH
HTML5
RUSSIAN
CSS
JavaScript
Cromosys
Education and Technology Research Center
Nallasopara (W), Mumbai

Learn Web Programming
Demo-Class Free
HTML
CSS
JavaScript
React
Typescript
Bootstrap
Cromosys
20 Years of Experience
Nallasopara (W), Mumbai
+91-9561450045

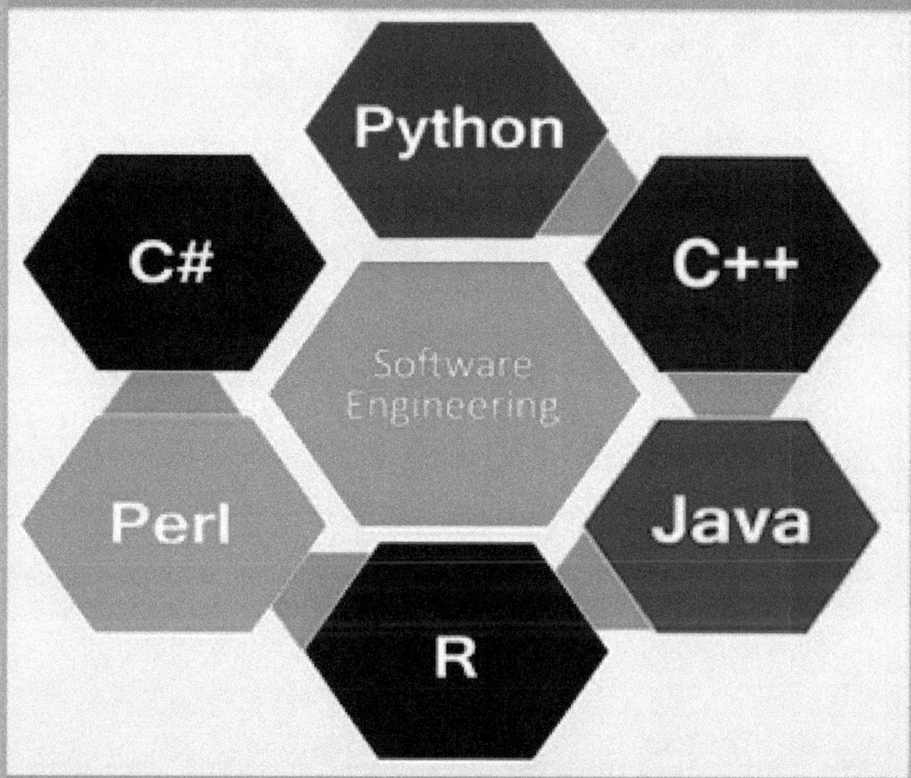

+91-9561450045
Learn Software Engineering
Demo-Class Free
Python
C#
C++
Software Engineering
Perl
Java
R
Cromosys
20 Years of Experience
Nallasopara (W), Mumbai
+91-9561450045

25 Years of Experience
Learn Visual Multimedia
Animation VFX
Movie Editing
Game Development
Cromosys
+91-9561450045
Education and Technology Research Center
Nallasopara (W), Mumbai
www.facebook.com/cromosys

Jobs Available
For Candidates Who Know

German
French
Spanish

Vacancy in Germany, France, Spain

For Hospitality, Engineering, IT Sector
With Free Visa, Airfare and Accommodation

Cromosys
Education and Technology Research Centre
Nallasopara (W), Mumbai
+91-9561450045
20 Years of Experience

+91-9561450045
Foreign Languages Institute
German, French, Spanish
Basic and Advanced - All Levels
3 x 6 = 18 Courses
FRANCHISE
Business Offer
Teaching Materials Provided
We have 1 Million Students Globally
Great Income Assured
Global Exposure
Cromosys
20 Years of Experience
Nallasopara (W), Mumbai
+91-9561450045

Cromosys Publication

English Speaking and Grammar Through Hindi

Niranjan Jha Showman

"Education taken with zeal educes to success."
~Niranjan Jha Showman

Preface

Cromosys Publication's "English Speaking and Grammar Through Hindi" book is a guideline to Spoken English with complete speaking grammar explained in simple Hindi language. More than one million people have already bought this book. It teaches you the rules of framing sentences in English to help you start speaking English and achieve fluency in just three months of time. Remember that as you want to speak English correctly, you don't need to learn fundamental grammar but you need to learn Speaking Grammar. Fundamental grammar is that you have already learnt in schools, but Speaking Grammer you will learn from this book that will help you to frame sentences quickly and speak correctly. With this book, you will start from real basic of English language, and gradually move to advanced level with full guarantee. It is not just a book but a revolution in the field of learning professional English.

This book has lessons such as Modals, Tense, Advanced Modals, Active Passive Voice, Smart Verb, Preposition, Conjunction, Words Meaning, and Speaking Topics. All the lessons are explained in detail with rules and examples in simple Hindi. The exercise section with examples are listed to help you improve your communication skill. Millions of people who followed this book got fluent in English starting from real basic, then reached advanced level and got good jobs. It is uniquely designed for your success after fifteen years of research and hard work of the author Niranjan Jha Showman who is globally renowned as a language scientist and technical researcher having several books published online.

Niranjan Jha Showman is the award winning author of more than hundred educational and fictional books at Amazon and Flipkart. He is one of the great-grandsons of the first President of India Dr. Rajendra Prasad. He is a Public Figure and widely known as a language trainer of English, French, Spanish, German and Computer Science from past twenty years. Being founder and owner of Cromosys Corporation - a company located in Mumbai, India, his company is excelling in the fields of Education, Technology, Publication, Healthcare, Realtor and Filmmaking from past fifteen years. His good-selling educational books and novels are appreciated worldwide. He has more than one million e-book buyers online who have been enlightened by him.

Cromosys, an education and technology research center which has published this book is based in Mumbai and managed by Niranjan Jha Showman. The study materials of this book are unique and cannot be found in any other book of the world. This book has everything that you need for a good command over English, and you will realize that this is the only book you were searching for. The universal standard of English with adoption of many new structures and patterns are introduced only in this book that no teacher has ever taught you.

Cromosys, our education and technology research center, saving human efforts from being wasted, is to make you as good as native English speaker. The world growing with density has brought enormous opportunity to linguistic talents irrespective of their geographical boundaries. Having been teaching English, French, Spanish, German and computer science with global exposure successfully for several years, I came across numerous amazing and effective lessons which as a pioneer I wrote in this book. I strongly believe it is useful for people willing to be good in Practical English, Professional English or International English used in communication industry, media houses and entertainment world. And obviously, it is good for those too who love English language. It will stand as a milestone for you in your journey and will help you to sharpen your ability and making you successful without a hindrance. As you are going to do the most beautiful thing for yourself, so be bold enough in going through this book completely. Cromosys, our education and technology research center, which is a path-breaking pioneer training institute for Spoken English, French, Spanish, German and Computer Science, is committed to enlightening human mind with educational wisdom. And we are doing the same from last successful fifteen years. We not only hope but believe that your success is in your hand now, and this book will take you miles ahead in your expectation. We always respect the views and comments of readers. For any communication with regards to assistance, enquiry or collaboration, we are always at your reach as it helps us improve our ability.

Niranjan Jha Showman
Trainer, Author Physician, Entrepreneur, Filmmaker, Activist
Founder - Cromosys Corporation
facebook.com/cromosys
notionpress.com/author/814619
+91-9561450045
cromosys@yahoo.com
Nallasopara (W), Mumbai, India

My other books: -
English Word Power
English Voice Accent & Pronunciation
Teach Yourself German
Teach Yourself French
Teach Yourself Spanish
Teach Yourself HTML5
Teach Yourself 3ds Max
Teach Yourself Autodesk Maya
Teach Yourself C++ Programming

Cromosys Corporation
Education and Technology Research Center
Education, Technology, Publication, Healthcare, Realtor, Filmmaking
facebook.com/cromosys
+91-9561450045
Nallasopara (W), Mumbai, India
First edition: March 2010.

About the Author

Niranjan Jha Showman
Trainer, Author, Physician, Entrepreneur, Filmmaker, Activist

Niranjan Jha Showman is a Language Scientist and Technical Researcher. He is the Award Winning author of more than fifty educational and fictional books at Amazon. He is one of the great-grandsons of the first President of India Dr. Rajendra Prasad (from adoption). He is a Public Figure, and the globally - renowned Languages Trainer of French, Spanish, and German from past twenty years. Niranjan Jha Showman is an Entrepreneur and also works as a Filmmaker in India. Being the founder and owner of Cromosys Corporation - a company located in Mumbai, India, his company is excelling in the fields of Education, Technology, Publication, Newsmedia, Realtors, Banking, and Cinemascope from past fifteen years.

Niranjan Jha Showman's good-seller educational books and novels are appreciated worldwide. He has more than one million eBook buyers online, and more than one million learners are connected to him globally. Some of his novels is critically acclaimed. He is the trainer of French, Spanish, German, English Voice and Accent, and Advanced Computer Education. He is also a political activist and the founder of Vikaswadi Party in India.

Niranjan Jha Showman is the man who came from rags to riches, he who knows how to turn the table, and he, whom you call the man of Midas-touch, and Renaissance man. He has observed lives from the Pandora of monkeys to the sanctuary of monks, not only down-to-earth but down-to-grave. He is a B. Com. graduate, and B. Ed. from Delhi University, and diploma holder in French, Spanish and German from America. You can watch his songs, movies, educational videos and many more things by typing "Niranjan Jha Showman" in Google.

Niranjan Jha Showman
+91-9561450045
cromosys@yahoo.com
Nallasopara (W), Mumbai, India
www.facebook.com/cromosys
www.notionpress.com/author/814619
www.facebook.com/niranjanshowman
www.facebook.com/vikaswadiparty

Statutory

This book with its content is the registered property of the author Niranjan Jha Showman.
The author and his Cromosys Publication holds all necessary rights of this book.
The copyright certificate of this book is attached at the end of this book.

This book is a copyright and its content is the registered property of the author Niranjan Jha Showman. The author and his Cromosys Publication holds all necessary rights of this book. All the writing works that include all the educational, non-educational books, novels, and articles of the writer Niranjan Jha Showman, are the registered content under MAHENG12112/13/1/2009-TC and the endorsement no. 3244 28/5/2009 with the Ministry of Information and Broadcasting, Govt. of India. Any plagiarism in this regard will attract strict legal action. Any further publication or production of any of his books requires his written permission. The copyright certificate of this book is attached at the end of this book.

MODALS

Can

पहचानः– सकता है, सकती है, सकते हैं, सकता हूँ
It shows Present Capacity.

Rule: - Subject + can + V1 + Object

Affirmative

आप उससे मिल सकते हैं।	You can meet him.
मैं यह काम कर सकता हूँ।	I can do this work.
वह फ्रेंच बोल सकती है।	She can speak French.

Negative

वह मुझे मदद नहीं कर सकता है।	He can not help me.
बच्चे वहां नहीं जा सकते हैं।	The children can not go there.
आप उससे बात नहीं कर सकते हैं।	You can not talk to him.

Interrogative

क्या वह पत्र लिख सकती है?	Can she write a letter?
क्या आप मेरे सवाल का जवाब दे सकते हैं?	Can you answer my question?
क्या नितिन कॉफी नहीं पी सकता है?	Can Nitin not drink coffee?

Double Interrogative

हम उससे आज कैसे मिल सकते हैं?	How can we meet him today?
तुम फ्रेंच क्यों नहीं बोल सकते हो?	Why can you not speak French?
हम घर कब पहुँच सकते हैं?	When can we reach home?

Exercise 1

तुम इंग्लिश बोल सकते हो। तुम इंग्लिश नहीं बोल सकते हो। क्या तुम इंग्लिश बोल सकते हो? क्या तुम इंग्लिश नहीं बोल सकते हो? तुम इंग्लिश कैसे बोल सकते हो? आप उसे यहाँ बुला सकते हैं। वह आपको डांट सकती है। क्या आप मुझे कुछ बता सकते हैं? वह सब कुछ समझ सकता है।

Exercise 2

मैं यह काम कल कर सकता हूँ। पुलिस उसे गिरफ्तार क्यों नहीं कर सकती है? क्या वह यहां आ सकता है? आप उससे यह सवाल पूछ सकते हैं। तुम परीक्षा पास कर सकते हो। आप उसे यहां कब बुला सकते हैं? हम यहां कैसे ठहर सकते हैं? क्या मैं यह घड़ी बेच सकता हूँ? यहां क्रिकेट कौन खेल सकता है?

*For word meaning see the last pages of this book.
*V1 = go, V2 = went, V3 = gone, V4 = going, V5 = goes
*Subject = कर्ता, Verb = क्रिया, Object = कर्म

Could

पहचानः– सका, सकी, सके / सका था, सकी थी, सके थे
It shows Past Capacity.

Rule: - Sub + could + V1 + Obj

Affirmative
कविता नितिन से मिल सकी / सकी थी।	Kavita could meet Nitin.
हम वहां समय पर पहुंच सके।	We could reach there on time.
मैं अपने दोस्त का घर देख सका।	I could see my friend's house.

Negative
आप उसे नहीं समझा सके।	You could not advise him.
डॉक्टर मरीज को सूचित नहीं कर सका।	The doctor could not inform the patient.
लोग झूठ नहीं छुपा सके।	People could not hide a lie.

Interrogative
क्या वह तुम्हें मदद कर सकी?	Could she help you?
क्या आप किताब नहीं खरीद सके?	Could you not buy a book?
क्या वह आज खेल सका?	Could he play today?

Double Interrogative
वह आज क्या खेल सका?	What could he play today?
आप यह काम कैसे कर सके?	How could you do this work?
तुम उसका नाम क्यों नहीं पूछ सके?	Why could you not ask his name?

Exercise 1
वे फ्रेंच नहीं सीख सकते हैं। वे फ्रेंच नहीं सीख सके। वह मुझे नहीं भूल सकती है। वह मुझे नहीं भूल सकी। आप उससे कहां मिल सकते हैं? आप उससे कहां मिल सके? हम वहां नहीं ठहर सकते हैं। हम वहां नहीं ठहर सके। वह यह काम नहीं कर सकता है। वह यह काम नहीं कर सका। आप पत्र क्यों नहीं लिख सकते हैं? आप पत्र क्यों नहीं लिख सके? कविता गीत नहीं गा सकती है। कविता गीत नहीं गा सकी।

Exercise 2
मैं उसे रूपये नहीं दे सका। क्या आप उससे सवाल पूछ सके? बच्चे हॉकी क्यों नहीं खेल सके? मैं यह कलम उसे नहीं दे सका। आप उससे कब मिल सके? वह मुझे धोखा नहीं दे सकी। तुम्हारा भाई घर कब पहुंच सका? मैं नितिन से बात नहीं कर सका। तुम अमेरिका क्यों नहीं जा सके? क्या बच्चे स्कूल नहीं पहुंच सके?

*Sub = subject, Obj = object.
*किस को निश्चित करने के लिए 'the' का प्रयोग होता है = the doctor.
*किसी अनिश्चित वस्तु से पहले 'a' या 'an' का प्रयोग होता है = a book, an apple.

Should

पहचानः– ना चाहिए, नी चाहिए, ने चाहिए
It shows Present Duty.

Rule: - Sub + should + V1 + Obj

Affirmative

हमें कंप्यूटर सीखना चाहिए।	We should learn computer.
उन्हें सच्चाई समझनी चाहिए।	They should understand truth.
उसे पैसा कमाना चाहिए।	He should earn money.

Negative

बच्चों को वहां नहीं दौड़ना चाहिए।	The children should not run there.
आपको कार नहीं चलानी चाहिए।	You should not drive a car.
छात्रों को समय बर्बाद नहीं करना चाहिए।	The students should not waste time.

Interrogative

क्या भारत को यह मैच जीतना चाहिए?	Should India win this match?
क्या मेरे भाई को पैसे बचाने चाहिए?	Should my brother save money?
क्या उन्हें यह फिल्म नहीं देखनी चाहिए?	Should they not watch this film?

Double Interrogative

हमें उससे कब मिलना चाहिए?	When should we meet him?
मुझे अब कहां जाना चाहिए?	Where should I go now?
उन्हें राजनीति क्यों पसंद करनी चाहिए?	Why should they like politics?

Exercise 1

वह कॉफी पी सकता है। वह कॉफी पी सका। उसे कॉफी पीनी चाहिए। वह कॉफी नहीं पी सकता है। वह कॉफी नहीं पी सका। उसे कॉफी नहीं पीनी चाहिए। क्या वह कॉफी पी सकता है? क्या वह कॉफी पी सका? क्या उसे कॉफी पीनी चाहिए? क्या वह कॉफी नहीं पी सकता है? क्या वह कॉफी नहीं पी सका? क्या उसे कॉफी नहीं पीनी चाहिए? वह कॉफी कब पी सकता है? वह कॉफी कब पी सका? उसे कॉफी कब पीनी चाहिए?

Exercise 2

आपको उसे पढ़ाना चाहिए। क्या मुझे उससे मिलना चाहिए? हमें इन सवालों के जवाब नहीं देने चाहिए। शिक्षक को उसे नहीं डांटना चाहिए। तुम्हें यह काम आज करना चाहिए। हमें अब क्या करना चाहिए? क्या मुझे यह घड़ी बेचनी चाहिए? हमें उससे कहां मिलना चाहिए? मुझे यह कलम नहीं खरीदनी चाहिए। लोगों को अब घर जाना चाहिए। बच्चों को यहां नहीं ठहरना चाहिए। क्या छात्रों को जर्मन सीखना चाहिए?

*Double Interrogative: कब=when, क्या=what, कहाँ=where, कैसे=how, क्यों=why, कौन=who.

Would

पहचानः– ता होगा, ती होगी, ते होंगे
It shows Past Possibility.

Rule: - Sub + would + V1 + Obj

Affirmative

आप उससे मिलते होंगे।	You would meet him.
कविता नितिन को जानती होगी।	Kavita would know Nitin.
बच्चे फ्रेंच बोलते होंगे।	The children would speak French.

Negative

वह तुम्हें प्यार नहीं करती होगी।	She would not love you.
आप उसे पसंद नहीं करते होंगे।	You would not like her.
तुम्हारा भाई दवाई नहीं लेता होगा।	Your brother would not take medicine.

Interrogative

क्या वह शराब पीता होगा?	Would he drink wine?
क्या बच्चे कविता पढ़ते होंगे?	Would the children read poems?
क्या लोग उन्हें सलाह नहीं देते होंगे?	Would people not advise them?

Double Interrogative

वह क्या खेलता होगा?	What would he play?
वे रोज कहां जाते होंगे?	Where would they go daily?
अमेरिकन स्पेनिश कैसे बोलते होंगे?	How would Americans speak Spanish?

Exercise 1

वह खेलता होगा। वह नहीं खेलता होगा। क्या वह खेलता होगा? क्या वह नहीं खेलता होगा? वह क्या खेलता होगा? तुम पढ़ते होगे। तुम नहीं पढ़ते होगे। क्या तुम पढ़ते होगे? क्या तुम नहीं पढ़ते होगे? तुम क्या पढ़ते होगे? वह जानती होगी। वह नहीं जानती होगी। क्या वह जानती होगी? क्या वह नहीं जानती होगी? वह क्या जानती होगी?

Exercise 2

वे सच्चाई जान सकते हैं। वे सच्चाई जान सके। उन्हें सच्चाई जाननी चाहिए। वे सच्चाई जानते होंगे। वह तुमसे बात नहीं कर सकती है। वह तुमसे बात नहीं कर सकी। उसे तुमसे बात नहीं करनी चाहिए। वह तुमसे बात नहीं करती होगी। वे यह काम क्यों नहीं कर सकते हैं? वे यह काम क्यों नहीं कर सके? उन्हें यह काम क्यों नहीं करना चाहिए? वे यह काम क्यों नही करते होंगे? नितिन स्पेनिश बोल सकता है। नितिन स्पेनिश बोल सका। नितिन को स्पेनिश बोलनी चाहिए। नितिन स्पेनिश बोलता होगा।

*All exercises are very easy so answers are not given.

Have to

पहचान:– ना है, नी है, ने हैं / पड़ता है, पड़ती है, पड़ते हैं
It shows Present Compulsion (मजबूरी).

Rule: - Sub + have to / has to + V1 + Obj
Note:- I, we, you, they, plural noun = have to
He, she, it, singular noun = has to

Affirmative

तुम्हें चाय पीनी है / तुम्हें चाय पीनी पड़ती है।	You have to drink tea.
उसे चाय पीनी है।	He has to drink tea.
मुझे क्रिकेट खेलना है।	I have to play cricket.
सरिता को गीत गाना है।	Sarita has to sing a song.

Negative

हमें यह काम नहीं करना है।	We have not to do this work.
शिक्षक को फ्रेंच नहीं पढ़ानी है।	The teacher has not to teach French.
बच्चों को आज स्कूल नहीं जाना है।	The children have not to go to school today.

Interrogative

क्या उसे गायक बनना है?	Has he to become a singer?
क्या लोगों को कड़ी मेहनत करनी है?	Have people to work hard?
क्या आपको मुझसे कुछ नहीं पूछना है?	Have you not to ask me anything?

Double Interrogative

आपको यह कार क्यों चलानी है?	Why have you to drive this car?
उसे यह शहर क्यों छोड़ना है?	Why has he to leave this city?
बच्चों को व्यायाम क्यों करना है?	Why have the children to exercise?

Exercise 1

तुम्हें फ्रेंच बोलनी है। तुम फ्रेंच बोलते होगे। तुम्हें फ्रेंच बोलनी चाहिए। तुम फ्रेंच बोल सके। तुम फ्रेंच बोल सकते हो। आप चाय नहीं पी सकते हैं। आप चाय नहीं पी सके। आपको चाय नहीं पीनी चाहिए। आप चाय नहीं पीते होंगे। आपको चाय नहीं पीनी है। वह तुमसे बात नहीं कर सकती है। वह तुमसे बात नहीं कर सकी। उसे तुमसे बात नहीं करनी चाहिए। वह तुमसे बात नहीं करती होगी। उसे तुमसे बात नहीं करनी है।

Exercise 2

क्या तुम्हें यह फिल्म देखनी है? हमें यहां क्यों ठहरना है? उसे अमेरिका में क्यों नहीं रहना है? तुम्हारे भाई को शादी कब करनी है? हमें वहां कब पहुंचना है? मैं उसे रूपये नहीं दे सका। क्या आप उससे कोई सवाल पूछ सके? बच्चे हॉकी क्यों नहीं खेल सके? मैं यह कलम उसे दे सकता हूं। वह आपका नाम जानती होगी।

Had to

पहचानः– ना था, नी थी, ने थे / पड़ता था / पड़ा

It shows Past Compulsion.

Rule: - Sub + had to + V1 + Obj

Affirmative

हमें कॉफी पीनी थी।	We had to drink coffee.
हमें कॉफी पीनी पड़ती थी।	We had to drink coffee.
हमें कॉफी पीनी पड़ी।	We had to drink coffee.
उसे आज यहां आना था।	He had to come here today.
मुझे यह काम पूरा करना था।	I had to complete this work.

Negative

रवि को ये सेब नहीं खाने थे।	Ravi had not to eat these apples.
मुझे उसको पैसे नहीं देने थे।	I had not to give him money.
शिक्षक को कंप्यूटर नहीं पढ़ाना था।	The teacher had not to teach computer.

Interrogative

क्या सरकार को गरीबों की मदद करनी थी?	Had the government to help poor?
क्या जनता को इंसाफ के लिए लड़ना था?	Had the public to fight for justice?
क्या आपको मुझसे कल नहीं मिलना था?	Had you not to meet me yesterday?

Double Interrogative

हमें वहां कैसे पहुंचना था?	How had we to reach there?
तुम्हें उससे शादी कब करनी थी?	When had you to marry him?
उन्हें यह घड़ी क्यों खरीदनी थी?	Why had they to buy this watch?

Exercise 1

उसे यह काम कैसे करना था? उसे यह काम कैसे करना है? वह यह काम कैसे करता होगा? उसे यह काम कैसे करना चाहिए? वह यह काम कैसे कर सका? वह यह काम कैसे कर सकता है? आप उससे मिल सकते हैं। आप उससे मिल सके। आपको उससे मिलना चाहिए। आप उससे मिलते होगे। आपको उससे मिलना है। आपको उससे मिलना था।

Exercise 2

मुझे उससे एक सवाल पूछना था। उसे अभी यहां आना था। मुझे डॉक्टर बनना था। हमें इन सवालों का जवाब देना था। क्या आपको उसके साथ कॉफी पीनी थी? पुलिस को उसे गिरफ्तार क्यों करना था? क्या मुझे उसकी मदद करनी थी? हमें यह किताब पढ़नी थी। उसे यहां कब पहुंचना था? तुम उसका दिल जीत सकते हो। वह जर्मनी में रहता होगा। तुम उसका नाम जानते होगे। कविता नितिन से बात नहीं करती होगी। शिक्षक तुम्हें ठीक तरह नहीं पढ़ाते होंगे। क्या वह फिल्में देखती होगी? वह ऑस्ट्रेलिया कैसे जाता होगा?

Used to

पहचानः– आ करता था, आ करती थी, आ करते थे

It shows Past Repeated Action.

Rule: - Sub + used to + V1 + Obj

Affirmative

हम संगीत बजाया करते थे।	We used to play music.
वह पत्र लिखा करती थी।	She used to write letters.
मैं अमेरिका में रहा करता था।	I used to live in America.
तुम उससे मिला करते थे।	You used to meet him.

Negative

वह कॉफी नहीं पीया करती थी।	She used not to drink coffee.
बच्चे फुटबॉल नहीं खेला करते थे।	The children used not to play football.
वे इंगलिश नहीं बोला करते थे।	They used not to speak English.
तुम उससे नहीं मिला करते थे।	You used not to meet him.

Interrogative

क्या आप कहानियां सुनाया करते थे?	Used you to narrate stories?
क्या लोग झूठ बोला करते थे?	Used people to speak lies?
क्या वह फ्रेंच नहीं सीखा करती थी?	Used she not to learn French?

Double Interrogative

आप उसे मदद क्यों नहीं किया करते थे?	Why used you not to help him?
नितिन कहां जाया करता था?	Where used Nitin to go?
वह समस्या कैसे सुलझाया करती थी?	How used she to solve problems?

Exercise 1

आप उन्हें पढ़ाया करते थे। आपको उन्हें पढ़ाना था। आपको उन्हें पढ़ाना है। आप उसे पढ़ाते होंगे। आपको उन्हें पढ़ाना चाहिए। आप उन्हें पढ़ा सके। आप उन्हें पढ़ा सकते हैं। क्या वह इंगलिश बोल सकता है? क्या वह इंगलिश बोल सका? क्या उसे इंगलिश बोलनी चाहिए? क्या वह इंगलिश बोलता होगा? क्या उसे इंगलिश बोलनी है? क्या उसे इंगलिश बोलनी थी? क्या वह इंगलिश बोला करता था?

Exercise 2

हम उसे रूपये दिया करते थे। तुम उसे क्यों डांटा करते थे? वह मुझसे रोज मिला करती थी। आप वहां कैसे रहा करते थे? कविता नितिन को सलाह दिया करती थी। मैं उसे रोज स्कूल भेजा करता था। इराक कुवैत से क्यों लड़ा करता था? वह बुरे काम किया करता था। आप उसे माफ किया करते थे। वह तुम्हारा नाम भूल जाया करती थी। पुलिस चोरों को पीटा करती थी।

*वह नहीं खेला करती थी = She used not to play (New Grammar); She did not to use to play (Old Grammar).

Need to

पहचानः– जरूरत है / आवश्यक्ता है
It shows Necessity.

Rule: - Sub + need to + V1 + Obj

Affirmative

मुझे यह काम आज करने की जरूरत है।	I need to do this work today.
हमें उस पर भरोसा करने की जरूरत है।	We need to trust him.
बच्चों को यह फिल्म देखने की जरूरत है।	The children need to watch this film.
उसे इस सवाल का जवाब देने की जरूरत है।	He need to answer this question.

Negative

उन्हें माफी मांगने की जरुरत नहीं है।	They need not to apologize.
लोगों को यह जानने की जरुरत नहीं है	People need not to know this.
हमें आपसे बात करने की जरूरत नहीं है।	We need not to talk to you.
उसे अभी यहां आने की जरूरत नहीं है।	He need not to come here now.

Interrogative

क्या आपको दवाई लेने की जरूरत है?	Need you to take medicine?
क्या उसे यह काम करने की जरूरत है?	Need he to do this work?
क्या हमें पैसे बचाने की जरूरत नहीं है?	Need we not to save money?

Double Interrogative

आपको वहां क्यों जाने की जरूरत है?	Why need you to go there?
हमें शहर कब पहुंचने की जरूरत है?	When need we to reach the city?
यात्रियों को कहाँ ठहरने की जरूरत है?	Where need the travelers to stay?

Exercise 1

तुम्हें यह काम करने की जरूरत है। तुम यह काम किया करते थे। तुम्हें यह काम करना था। तुम्हें यह काम करना है। तुम यह काम करते होगे। तुम्हें यह काम करना चाहिए। तुम यह काम कर सके। तुम यह काम कर सकते हो।

Exercise 2

उसे फ्रेंच सीखने की जरूरत है। मुझे उसका नाम पुछना था। आप उससे क्यों नहीं मिल सके? हमें वहां कब पहुंचना चाहिए? लोग इन्साफ पसन्द करते होंगे। वह तुमसे बहुत उम्मीद करती होगी। पुलिस उससे सवाल पूछ सकती है। भारत को इस मैच के लिए क्या करना चाहिए? आपको कुछ बताने की जरूरत नहीं है।

*Need to का ये अध्याय New English Grammar पर आधारित है। He need to go (New Grammar), He needs to go (Old Grammar); Need he to go (New Grammar), Does he need to go (Old Grammar).

Must

पहचान:– अवश्य / जरूर
It shows Urgency.

Rule: - Sub + must + V1 + Obj

Affirmative

उसे यह काम अवश्य करना चाहिए।	He must do this work.
तुम्हें उससे अवश्य मिलना चाहिए।	You must meet him.
मुझे यह किताब अवश्य पढ़नी चाहिए।	I must read this book.
हमें अपने देश से अवश्य प्रेम करना चाहिए।	We must love our country.

Negative

तुम्हें घमंडी अवश्य नहीं होना चाहिए।	You must not be egoist.
छात्र को यहां अवश्य नहीं आना चाहिए।	The student must not come here.
आपको उसे माफ अवश्य नहीं करना चाहिए।	You must not forgive him.
उन्हें चोर को अवश्य नहीं छोड़ना चाहिए।	They must not leave the thief.

Interrogative

क्या उसे इंगलिश अवश्य बोलनी चाहिए?	Must he speak English?
क्या उन्हें कड़ी मेहनत अवश्य करनी चाहिए?	Must they work hard?
क्या ग्राहक को कीमत अवश्य देखना चाहिए?	Must the customer see the price?

Alert

तुम्हें पैसे अवश्य कमाने चाहिए।	You must earn money. (Urgency)
तुम्हें पैसे कमाने चाहिए।	You should earn money. (Duty)
तुम्हें पैसे कमाने हैं।	You have to earn money. (Compulsion)

Exercise 1

आपको यह कार अवश्य चलानी चाहिए। आपको यह कार चलाने की जरुरत है। आप यह कार चलाया करते थे। आपको यह कार चलानी थी। आपको यह कार चलानी है। आप यह कार चलाते होंगे। आपको यह कार चलानी चाहिए। आप यह कार चला सके। आप यह कार चला सकते हैं।

Exercise 2

आपको यह कंप्यूटर अवश्य ठीक करना चाहिए? क्या हमें इसके बारे में अवश्य सोचना चाहिए? उसे दोस्तों से अवश्य मिलना चाहिए। हमें गरीबों से नफरत अवश्य नहीं करनी चाहिए। आप उसे फ्रेंच क्यों नहीं पढ़ा सके? क्या तुम्हारा भाई अमेरिका में रह सकता है? मैं यह काम कैसे कर सकता हूं? वह झूठ नहीं बोल सकी। हमें उनसे क्या पूछना चाहिए? रवि फिल्म नहीं देख सका। हमें उसको नहीं भूलना चाहिए।

*Some Hindi sentences are modified to help students translate easily.

May

पहचानः– सकता है, (संभावना)

It shows Present Possibility.

Rule: Sub + may + V1 + Obj

Affirmative

वह बाहर जा सकती है।	She may go out. / She can go out.
आज बारिश हो सकती है।	It may rain today.
वे यहां पहुंच सकते हैं।	They may reach here.
इस जगह आग पकड़ सकती है।	This place may catch fire.

Negative

वह आपको नहीं पढ़ा सकती है।	She may not teach you.
ऑफिसर छुट्टी नहीं ले सकते हैं।	The officers may not take leaves.
यह घड़ी नहीं चल सकती है।	This watch may not work.

Interrogative

क्या लोग मुझसे यह सवाल पूछ सकते हैं?	May people ask me this question?
आज बारिश क्यों नहीं हो सकती है?	Why may it not rain today?
तुम्हें आज देरी क्यों हो सकती है?	Why may you get late today?

Alert

वह परीक्षा पास कर सकती है।	She may pass the exam. (संभावना)
शायद वह परीक्षा पास कर सकती है।	She might pass the exam. (कम संभावना)
वह परीक्षा पास कर सकती है।	She can pass the exam. (क्षमता)

Exercise 1

तुम क्रिकेट खेल सकते हो। तुम क्रिकेट खेल सके। तुम्हें क्रिकेट खेलना चाहिए। तुम क्रिकेट खेलते होगे। तुम्हें क्रिकेट खेलना है। तुम्हें क्रिकेट खेलना था। तुम क्रिकेट खेला करते थे। तुम्हें क्रिकेट खेलने की जरूरत है। तुम्हें क्रिकेट अवश्य खेलना चाहिए।

Exercise 2

वह आपको सच बता सकती है। नितिन कविता से झूठ बोल सकता है। हमें उससे कुछ पूछना चाहिए। तुम वहां समय पर पहुंचते होगे। वह मुझे क्यों नहीं समझ सकी? उसे अब सब कुछ भूल जाना चाहिए। पुलिस उसे गिरफ्तार नहीं कर सकी। हमें अब कहां जाना चाहिए? क्या उसे मुझसे बात करनी है? वह आपका नाम नहीं जानती होगी। बच्चे सुबह नहीं उठ सकते हैं। तुम उन्हें नहीं हरा सके। मुझे उसे मदद करनी चाहिए। क्या आप उसे नहीं पढ़ाया करते थे? वह अब क्या कर सकता है?

*New English में **may** की जगह **can** का ज्यादा प्रयोग होता है।
*For word meaning see last pages of this book.

TENSE

Present Indefinite
पहचानः– ता है, ती है, ते हैं, ता हूँ

Affirmative
Rule: - Sub + V1 / V5 + Obj
Note: - I, we, you, they, plural noun = V1
He, she, it, singular noun = V5

मैं क्रिकेट खेलता हूँ।	I play cricket.
वह क्रिकेट खेलता है।	He plays cricket.
हम स्कूल जाते हैं।	We go to school.

Negative
Rule: Sub + do / does + not + V1 + Obj
Note: I, we, you, they, plural noun = do
He, she, it, singular noun = does

तुम किताबें नहीं पढ़ते हो।	You do not read books.
वह किताबें नहीं पढ़ती है।	She does not read books.

Interrogative
Rule: Do / does + Sub + V1 + Obj

क्या वे इंगलिश बोलते हैं?	Do they speak English?
क्या हम उसे जानते हैं?	Do we know him?
क्या आप उसे पसंद नहीं करते हैं?	Do you not like him?

Double Interrogative
Rule: Wh + do / does + Sub + V1 + Obj

आप इंगलिश कैसे सीखते हैं?	How do you learn English?
वह हॉकी कब खेलती है?	When does she play hockey?
यहाँ कौन दौड़ता है?	Who runs here?

Exercise
मैं पत्र लिखता हूँ। मैं पत्र नहीं लिखता हूँ। क्या मैं पत्र लिखता हूँ? क्या मैं पत्र नहीं लिखता हूँ? मैं पत्र कैसे लिखता हूँ? कविता तुमसे मिलती है। कविता तुमसे नहीं मिलती है। क्या कविता तुमसे मिलती है? क्या कविता तुमसे नहीं मिलती है? कविता तुमसे कब मिलती है? वे सच्चाई जानते हैं। वे सच्चाई नहीं जानते हैं।

*V1 = go, V2 = went, V3 = gone, V4 = going, V5 = goes.

Present Continuous

पहचानः– रहा है, रही है, रहे हैं, रहा हूं

Affirmative

Rule: - Sub + is/am/are + V4 + Obj

Note: - I = am

We, you, they, plural noun = are

He, she, it, singular noun = is

वह पत्र लिख रही है।	She is writing a letter.
हम वहां जा रहे हैं।	We are going there.
मैं क्रिकेट खेल रहा हूं।	I am playing cricket.

Negative

Rule: Sub + is/am/are + not + V4 + Obj

वे फिल्म नहीं देख रहे हैं।	They are not watching a film.
शिक्षक फ्रेंच नहीं पढ़ा रहे हैं।	The teacher is not teaching French.
पुलिस चोर को नहीं पीट रही है।	The police are not beating the thief.

Interrogative

Rule: Is/am/are + Sub + V4 + Obj

क्या तुम उसे बुला रहे हो?	Are you calling him?
क्या वे इंगलिश बोल रहे हैं?	Are they speaking English?
क्या कविता गीत नही गा रही है?	Is Kavita not singing a song?

Double Interrogative

Rule: Wh + is/am/are + Sub + V4 + Obj

तुम वहां क्या कर रहे हो?	What are you doing there?
वे कहां रह रहे हैं?	Where are they living?
हम यह काम कब कर रहे हैं?	When are we doing this work?
यहां क्रिकेट कौन खेल रहा है?	Who is playing cricket here?

Exercise

तुम उसे मदद कर रहे हो। तुम उसे मदद नहीं कर रहे हो। क्या तुम उसे मदद कर रहे हो? तुम उसे मदद क्यों कर रहे हो? तुम उसे मदद करते हो। तुम उसे मदद नहीं करते हो। क्या तुम उसे मदद करते हो? तुम उसे मदद क्यों करते हो? सरिता चाय पीती है। सरिता चाय पी रही है। वह मुझे क्यों बुलाता है? वह मुझे क्यों बुला रहा है? क्या तुम वहां नहीं जाते हो? क्या तुम वहां नहीं जा रहे हो? आप उससे बात क्यों करते हैं? आप उससे बात क्यों कर रहे हैं? वह तुमसे क्या पूछती है? वह तुमसे क्या पूछ रही है?

*Some Hindi sentences are modified to help students translate easily.

Present Perfect

पहचानः– चुका है, चुकी है, चुके हैं / लिया है / रखा है

Affirmative

Rule: - Sub + have/has + V3 + Obj

Note: - I, we, you, they, plural noun = have

He, she, it, singular noun = has

हम उसे रूपये दे चुके हैं।	We have given him money.
भारत ने मैच जीत लिया है।	India has won the match.
उसने घर खरीद रखा है।	He has bought a house.

Negative

Rule: Sub + have/has + not + V3 + Obj

हम यह काम नहीं कर चुके हैं।	We have not done this work.
बच्चे फुटबॉल नहीं खेल चुके हैं।	The children have not played football.
वह यहाँ नहीं आ चुकी है।	She has not come here.

Interrogative

Rule : Have/has + Sub + V3 + Obj

क्या वे फिल्म देख चुके हैं?	Have they watched the film?
क्या शिक्षक फ्रेंच पढ़ा चुके हैं?	Has the teacher taught French?
क्या कविता गीत नही गा चुकी है?	Has Kavita not sung a song?

Double Interrogative

Rule : Wh + have/has + Sub + V3 + Obj

वह कहां पहुंच चुका है?	Where has he reached?
आप उसे क्या बता चुके है?	What have you told him?
तुम उसे कहां भेज चुके हो?	Where have you sent him?

Exercise 1

वह क्रिकेट खेलता है। वह क्रिकेट खेल रहा है। वह क्रिकेट खेल चुका है। मैं यह काम नहीं करता हूँ। मैं यह काम नहीं कर रहा हूँ। मैं यह काम नहीं कर चुका हूँ। क्या आप उससे बात करते हैं? क्या आप उससे बात कर रहे हैं? क्या आप उससे बात कर चुके हैं? लोग पैसे कैसे कमाते हैं? लोग पैसे कैसे कमा रहे हैं? लोग पैसे कैसे कमा चुके हैं?

Exercise 2

बच्चे स्कूल जा चुके हैं। क्या आप उसे समझा चुके हैं? क्या कविता तुमसे मिल चुकी है? पुलिस उसे गिरफ्तार कर चुकी है। क्या आप उसे पढ़ा चुके हैं? क्या वह आपसे बात कर चुकी है? क्या तुम वहां पहुंच चुके हो? हम उसे देख चुके हैं। क्या वह तुमसे सवाल पूछ चुकी है? क्या आप उसे किताब दे चुके हैं?

Present Perfect Continuous

पहचानः– ता आ रहा है, ती आ रही है, ते आ रहे हैं, ता आ रहा हूं

Affirmative

Rule: - Sub + have/has + been + V4 + Obj

Note: - से (निश्चित समय) = since; से (अनिश्चित समय) = for.

मैं सोमवार से मिलता आ रहा हूं। I have been meeting since Monday.
वह एक घंटे से लिखती आ रही है। She has been writing for an hour.
वे दस मिनट से देखते आ रहे हैं। They have been seeing for ten minutes.

Negative

Rule: Sub + have/has + not + been + V4 + Obj

बच्चे दो दिन से नहीं खेलते आ रहे हैं। The children have not been playing for two days.
वह दोपहर से चाय नहीं पीती आ रही है। She has not been drinking tea since afternoon.
हम 1980 से यह नहीं करते आ रहे हैं। We have not been doing this since 1980.

Interrogative

Rule: Have/has + Sub + been + V4 + Obj

क्या शिक्षक दस मिनट से पढ़ाते आ रहे हैं? Has the teacher been teaching for ten minutes?
क्या वह घंटों से इंतजार करती आ रही है? Has she been waiting for hours?
क्या लोग महीनों से नही सोते आ रहे हैं? Have people not been sleeping for months?

Double Interrogative

Rule: Wh + have/has + Sub + been + V4 + Obj

वे झूठ क्यों बोलते आ रहे हैं? Why have they been lying?
वह कहाँ खेलता आ रहा है? Where has he been playing?
हम क्या सुनते आ रहे हैं? What have we been listening?

Exercise 1

क्या आप फ्रेंच पढ़ाते हैं? क्या आप फ्रेंच पढ़ा रहे हैं? क्या आप फ्रेंच पढ़ा चुके हैं? क्या आप फ्रेंच पढ़ाते आ रहे हैं? मैं दस मिनट से पत्र लिखता आ रहा हूं। मैं पत्र लिख चुका हूं। मैं पत्र लिख रहा हूं। मैं पत्र लिखता हूं। क्या आप किताबें खरीदते हैं? क्या आप किताबें खरीद रहे हैं? क्या आप किताबें खरीद चुके हैं? क्या आप किताबें खरीदते आ रहे हैं?

Exercise 2

क्या वह तुमसे घंटों से बातें करती आ रही है? क्या आप सुबह से कॉफी पीते आ रहे हैं? हम आधे घंटे से कहां जाते जा रहे हैं? क्या वह तुमसे सवाल पूछ चुकी है? क्या आप उसे किताब दे चुके हैं? वह यहां नहीं आता है। क्या वह चाय नहीं पी रही है? आप यह काम कब कर रहे हैं? तुम उसे कैसे जानते हो? आप वहां क्या खरीद चुके हैं? लोग इन्साफ पसंद करते हैं। हम गरीबों को मदद करते हैं।

Past Indefinite

पहचानः– आ, ई, ए / ता था, ती थी, ते थे

Affirmative
Rule: - Sub + V2 + Obj

उसने फिल्म देखी / वह फिल्म देखता था।	He watched a film.
मैंने उसे बुलाया।	I called him.
हम वहां गये।	We went there.

Negative
Rule: Sub + did + not + V1 + Obj

आपने उसे नहीं पढ़ाया।	You did not teach him.
पुलिस ने उन्हें गिरफ्तार नहीं किया।	The police did not arrest them.
मैंने कार नहीं चलायी।	I did not drive a car.

Interrogative
Rule: Did + Sub + V1 + Obj

क्या कविता ने गीत गाया?	Did Kavita sing a song?
क्या उसने आपको बाजार में देखा?	Did he see you in the market?
क्या नितिन ने हॉकी नहीं खेला?	Did Nitin not play hockey?

Double Interrogative
Rule: Wh + did + Sub + V1 + Obj

आपने इंग्लिश कैसे सीखी?	How did you learn English?
उसने हॉकी कब खेला?	When did he play hockey?
वे कहां रहते थे?	Where did they live?

Exercise 1
आप उससे क्या पूछते हैं? आप उससे क्या पूछ रहे हैं? आप उससे क्या पूछ चुके हैं? आप उससे क्या पूछते आ रहे हैं? आपने उससे क्या पूछा? वह आपको क्या बताता है? वह आपको क्या बता रहा है? वह आपको क्या बता चुका है? वह आपको क्या बताता आ रहा है? उसने आपको क्या बताया? लोग क्या समझते हैं? लोग क्या समझ रहे हैं? लोग क्या समझ चुके हैं? लोग क्या समझते आ रहे हैं? लोगों ने क्या समझा?

Exercise 2
मैंने पत्र लिखा। वह यहां नहीं आयी। क्या तुम वहां नहीं गये? लोगों ने शहर कब छोड़ा? कविता मुझसे नहीं मिली। बच्चे वहां कैसे गये? मैं उसे नहीं जानता था। उसने आपको क्या कहा? क्या आप उसका नाम जानते हैं? मैं उसे रूपये दे रहा हूं। भारत ने यह मैच जीता। पुलिस चोर को पीट रही है। क्या आपने उससे शादी की? उसने मेरे सवाल का जवाब नहीं दिया। तुम उसका नाम कैसे जानते थे? वह तुमसे कहां मिली? यहाँ क्रिकेट कौन खेल चुका है? आप वहां से क्या ला चुके हैं?

Past Continuous

पहचानः– रहा था, रही थी, रहे थे

Affirmative

Rule: - Sub + was/were + V4 + Obj

Note: - I, he, she, it, singular noun = was

You, we, they, plural noun = were

हम वहां जा रहे थे।	We were going there.
वह पत्र लिख रही थी।	She was writing a letter.
शिक्षक फ्रेंच पढ़ा रहे थे।	The teacher was teaching French.

Negative

Rule: Sub + was/were + not + V4 + Obj

वह यहां नहीं आ रहा था।	He was not coming here.
वे फिल्म नहीं देख रहे थे।	They were not watching a film.

Interrogative

Rule: Was/were + Sub + V4 + Obj

क्या हम इंग्लिश बोल रहे थे?	Were we speaking English?
क्या नितिन कॉफी पी रहा था?	Was Nitin drinking coffee?
क्या वे पैसे नहीं कमा रहे थे?	Were they not earning money?

Double Interrogative

Rule: Wh + was/were + Sub + V4 + Obj

लोग वहां क्यों चिल्ला रहे थे?	Why were people shouting there?
आप विदेश में कैसे रह रहे थे?	How were you living abroad?
मरीज दवाई कब ले रहा था?	When was the patient taking medicine?

Exercise 1

आप उससे बात करते हैं। आप उससे बात कर रहे हैं। आप उससे बात कर चुके हैं। आप उससे दो घंटे से बात करते आ रहे हैं। आपने उससे बात की। आप उससे बात कर रहे थे। आप उससे बात कर सकते हैं। आप उससे बात कर सके। आपको उससे बात करनी चाहिए। आप उससे बात करते होंगे। आपको उससे बात करनी है। आपको उससे बात करनी थी। आप उससे बात किया करते थे।

Exercise 2

हम उससे नहीं मिले? क्या वह आपको कुछ पूछ रही थी? हम वहां क्यो नहीं जा रहे हैं? क्या आप उसका नाम जानते थे? शिक्षक इंग्लिश पढ़ा चुके हैं। मैं उसे धोखा नहीं दे रहा हूं। वह तुम्हें प्यार क्यों नहीं करती है? बच्चों ने गीत कब गाया? क्या पुलिस चोर को पीट रही थी? वह यहां कब आ रही थी?

Past Perfect

पहचानः– चुका था, चुका थी, चुके थे / लिया था / रखा था

Affirmative

Rule: - Sub + had + V3 + Obj

हम उसे रूपये दे चुके थे।	We had given him money.
भारत ने मैच जीत लिया था।	India had won the match.
उसने घर खरीद रखा था।	He had bought a house.

Negetive

Rule: Sub + had + not +V3 + Obj

हम उससे नहीं मिल चुके थे।	We had not met him.
वह मुझे रूपये नहीं दे चुका था।	He had not given me money.
शिक्षक फ्रेंच नहीं पढ़ा चुके थे।	The teacher had not taught French.

Interrogative

Rule: Had + Sub + V3 + Obj

क्या वे फिल्म देख चुके थे?	Had they watched the film?
क्या बच्चे हॉकी खेल चुके थे?	Had the children played hockey?
क्या आप उन्हें स्कूल नहीं भेज चुके थे?	Had you not sent them to school?

Double Interrogative

Rule: Wh + had + Sub + V3 + Obj

वह यहां कब आ चुकी थी?	When had she come here?
लोग वहां क्यों जमा हो चुके थे?	Why had people gathered there?
आप लोग उन्हें आज क्या समझा चुके थे?	What had you people advised them today?
सरकार पैसे कहाँ बाँट चुकी थी?	Where had the government distributed money?

Exercise 1

क्या वह फिल्में देखता है? क्या वह फिल्में देख रहा है? क्या वह फिल्में देख चुका है? क्या वह सुबह से फिल्में देखता आ रहा है? क्या उसने फिल्में देखी? क्या वह फिल्में देख रहा था? क्या वह फिल्में देख चुका था? क्या वह फिल्में देख सकता है? क्या वह फिल्में देख सका? क्या उसे फिल्में देखनी चाहिए? क्या वह फिल्में देखता होगा? क्या उसे फिल्में देखनी है? क्या उसे फिल्में देखनी थी? क्या वह फिल्में देखा करता था? क्या उसे फिल्में देखने की जरूरत थी? क्या उसे फिल्में अवश्य देखनी है?

Exercise 2

मैं उसे मदद कर चुका था। हम घर पहुंच चुके थे। उसने तुम्हें क्यों डांटा? वह ग्राउंड में क्यों दौड़ रहा है? क्या तुम उससे रूपये लेते हो? तुमने वहां क्या सुना? आप उसे गाली क्यों दे रहे थे? हमने उसे कुछ नहीं बताया। मैं सब कुछ समझ चुका था। पुलिस आपसे क्या पूछ चुकी थी? पड़ोसियों ने सच कैसे जाना? यात्रियों ने टिकट कब बुक किया?

Past Perfect Continuous

पहचानः– ता आ रहा था, ती आ रही थी, ते आ रहे थे

Affirmative

Rule: - Sub + had + been + V4 + Obj

Note: - से (निश्चित समय) = since; से (अनिश्चित समय) = for.

वह एक घंटे से लिखती आ रही थी।	She had been writing for an hour.
वे शाम से खेलते आ रहे थे।	They had been playing since evening.
शिक्षक दस मिनट से पढ़ाते आ रहे थे।	The teacher had been teaching for ten minutes.

Negative

Rule: Sub + had + not + been + V4 + Obj

आप सुबह से नहीं खाते आ रहे थे।	You had not been eating since morning.
लोग युद्ध नहीं लड़ते आ रहे थे।	People had not been fighting wars.
छात्र अपना काम नहीं करता आ रहा था।	The student had not been doing his work.

Interrogative

Rule: Had + Sub + been + V4 + Obj

क्या आप स्पेनिश सीखते आ रहे थे?	Had you been learning Spanish?
क्या वह घंटों से जवाब देती आ रही थी?	Had she been answering for hours?
क्या लोग अन्याय नहीं सहते आ रहे थे?	Had people not been tolerating injustice?

Double Interrogative

Rule: Wh + had + Sub + been + V4 + Obj

वह क्यों खेलता आ रहा था?	Why had he been playing?
आप कहाँ खरीदते आ रहे थे?	Where had you been buying?
वह क्या मांगती आ रही थी?	What had she been demanding?

Exercise 1

वह दो सालों से आपको मदद करता आ रहा था। वह आपको मदद कर चुका था। वह आपको मदद कर रहा था। उसने आपकी मदद की। वह दो सालों से आपको मदद करता आ रहा है। वह आपको मदद कर चुका है। वह आपको मदद कर रहा है। वह आपको मदद करता है।

Exercise 2

तुम पढ़ रहे हो लेकिन वह खेल रहा है। लोग झूठ बोल रहे हैं और हम सुन रहे हैं। तुम क्या कर रहे हो अगर वह कार चला रही है? उसने क्या देखा जब वह बाजार गया? मैंने आपसे सवाल पूछा लेकिन आपने जवाब नहीं दिया। मैंने उसे रूपये दिये लेकिन उसने किताब नहीं खरीदी। वह क्या करती है जब वह फ्रांस में रहती है? क्या आप देख रहे हैं बच्चे क्लास में क्या कर रहे हैं? पुलिस उसे पीट रही है और वह रो रहा है। भगवान उसे मदद करता है जो दूसरों की मदद करते हैं।

Future Indefinite
पहचानः– गा, गे, गी

Affirmative
Rule: - Sub + will + V1 + Obj

मैं उसे रूपये दूंगा।	I will give him money.
तुम किताब खरीदोगे।	You will buy a book.
वह तुमसे शादी करेगी।	She will marry you.

Negative
Rule: Sub + will + not + V1 + Obj

हम उसे नहीं पढ़ायेंगे।	We will not teach him.
बच्चे क्रिकेट नहीं खेलेंगे।	The children will not play cricket.
हम फ्रांस नहीं जायेंगे।	We will not go to France.

Interrogative
Rule: Will + Sub + V1 + Obj

क्या भारत यह मैच जीतेगा?	Will India win this match?
क्या तुम उससे आज मिलोगे?	You will meet him today?
क्या पुलिस उसे गिरफ्तार नहीं करेगी?	Will the police not arrest him?

Double Interrogative
Rule: Wh + will + Sub + V1 + Obj

आप कल कहां जायेंगे?	Where will you go tomorrow?
नितिन कॉफी कब पीयेगा?	When will Nitin drink coffee?
यह बात कौन समझेगा?	Who will understand this matter?

Exercise 1
क्या आप यह काम करते हैं? क्या आप यह काम कर रहे हैं? क्या आप यह काम कर चुके हैं? क्या आप यह काम करते आ रहे हैं? क्या आपने यह काम किया? क्या आप यह काम कर रहे थे? क्या आप यह काम कर चुके थे? क्या आप यह काम करते आ रहे थे? क्या आप यह काम करेंगे? क्या आप यह काम कर सकते हैं? क्या आप यह काम कर सके? क्या आपको यह काम करना चाहिए? क्या आप यह काम करते होंगे? क्या आपको यह काम करना है? क्या आपको यह काम करना था? क्या आप यह काम किया करते थे?

Exercise 2
मैं उससे सवाल पूछूंगा अगर वह मुझसे मिलता है। उसने फ्रेंच सीखा जब वह फ्रांस में रहता था। क्या तुमने उससे पूछा उसने मुझे रूपये क्यों दिये? मैं नहीं जानता हूं वह कल क्या करेगा। वह तुम्हें पसंद करती है लेकिन तुम उसे पसंद नहीं करते हो? लोग नेताओं पर भरोसा करते हैं लेकिन नेतागण उन्हें धोखा देते हैं। भारतीय इन्साफ चाहते हैं लेकिन दूसरे लोग उन्हें गुमराह करते हैं।

*As per New English Grammar 'shall' is not used.

Future Continuous

पहचानः– ता रहेगा, ती रहेगी, ते रहेंगे

Affirmative

Rule: - Sub + will + be + V4 + Obj

वह कॉफी पीता रहेगा।　He will be drinking coffee.
तुम कार चलाते रहोगे।　You will be driving a car.
बच्चे गीत गाते रहेंगे।　The children will be singing songs.

Negative

Rule: Sub + will + not + be + V4 + Obj

वे झूठ नहीं बोलते रहेंगे।　They will not be telling lies.
हम वहां फिल्में नहीं देखते रहेंगे।　We will not be watching films there.
लोग अब नहीं चिल्लाते रहेंगे।　People will not be shouting now.

Interrogative

Rule: Will + Sub + be + V4 + Obj

क्या भारत मैच खेलता रहेगा?　Will India be playing matches?
क्या पुलिस चोर को पीटती रहेगी?　Will the police be beating the thief?
क्या आप उसे नहीं पढ़ाते रहेंगे?　Will you not be teaching him?

Double Interrogative

Rule: Wh + will + Sub + be + V4 + Obj

वह तुम्हें धोखा क्यों देती रहेगी?　Why will she be cheating you?
लोग पैसे कैसे बचते रहेंगे?　How will people be saving money?
अब जर्मनी कौन जाता रहेगा?　Who will be going to Germany now?

Exercise 1

शिक्षक उसे पढ़ाते हैं। शिक्षक उसे पढ़ा रहे हैं। शिक्षक उसे पढ़ा चुके हैं। शिक्षक उसे पढ़ाते आ रहे हैं। शिक्षक ने उसे पढ़ाया। शिक्षक उसे पढ़ा रहे थे। शिक्षक उसे पढ़ा चुके थे। शिक्षक उसे पढ़ाते आ रहे थे। शिक्षक उसे पढ़ायेंगे। शिक्षक उसे पढ़ाते रहेंगे।

Exercise 2

मैं जानता हूं आप मुझसे क्या चाहते हैं। तुम उससे शादी क्यों नहीं करते हो अगर तुम उसे प्यार करते हो? वह मुझे नहीं बतायेगा वह कहां रहता है। वे परीक्षा पास कैसे करेंगे अगर आप उन्हें नहीं पढ़ाते हैं? बच्चे कहाँ गए जब वे स्कूल से आये? क्या उसने तुम्हें बताया मैंने उसे क्या कहा? उसने आप पर भरोसा किया लेकिन आपने उसे धोका दिया। तुम झूठ बोल सकते हो अगर तुम सच्चाई छुपा सकते हो। आपको स्पेनिश सीखनी चाहिए अगर आप स्पेन जा सकते हैं। वह सबकुछ समझता है फिर भी वह बुरे काम करता है।

*For word meaning see last pages of this book.

Future Perfect

पहचानः– चुकेगा, चुकेगी, चुकेंगे

Affirmative

Rule: - Sub + will + have + V3 + Obj

वह कॉफी पी चुकेगा।	He will have drunk coffee.
तुम किताबें खरीद चुकोगे।	You will have bought books.
हम मैच जीत चुकेंगे।	We will have won the match.

Negative

Rule: Sub + will + not + have + V3 + Obj

वह तुमसे नहीं मिल चुकेगी।	She will not have met you.
शिक्षक जर्मन नहीं पढ़ा चुकेंगे।	The teacher will not have taught German.
हम उसे रूपये नहीं दे चुकेंगे।	We will not have given him money.

Interrogative

Rule: Will + Sub + have + V3 + Obj

क्या नितिन हॉकी खेल चुकेगा?	Will Nitin have played hockey?
क्या मैकेनिक कार रिपेयर कर चुकेगा?	Will the mechanic have repaired the car?
क्या लोग वापस नहीं आ चुकेंगे?	Will people not have come back?

Double Interrogative

Rule: Wh + will + Sub + have + V3 + Obj

हम कहाँ मिल चुकेंगे?	Where will we have met?
यह काम कौन कर चुकेगा?	Who will have done this work?
वे परीक्षा पास कैसे कर चुकेंगे?	How will they have passed the exam?

Exercise 1

आप उसे पढ़ा चुके हैं। आप उसे पढ़ा चुके थे। आप उसे पढ़ा चुकेंगे। क्या वह आपसे मिल चुकी है? क्या वह आपसे मिल चुकी थी? क्या वह आपसे मिल चुकेगी? हम घर पहुँच चुके हैं। हम घर पहुँच चुके थे। हम घर पहुँच चुकेंगे। मैं उसके सवाल का जवाब दे चुका हूं। मैं उसके सवाल का जवाब दे चुका था। मैं उसके सवाल का जवाब दे चुकूंगा।

Exercise 2

आप उसे मदद करते हैं। आप उसे मदद नहीं करते हैं। क्या आप उसे मदद करते हैं? आप उसे मदद कर रहे हैं। आप उसे मदद नहीं कर रहे हैं। क्या आप उसे मदद कर रहे हैं? आप उसे मदद कर चुके हैं। आप उसे मदद नहीं कर चुके हैं। क्या आप उसे मदद कर चुके हैं? आपने उसे मदद की। आपने उसे मदद नहीं की। क्या आपने उसे मदद की? आप उसे मदद कर रहे थे। आप उसे मदद नहीं कर रहे थे। क्या आप उसे मदद कर रहे थे? आप उसे मदद कर चुके थे। आप उसे मदद नहीं कर चुके थे। क्या आप उसे मदद कर चुके थे? आप उसे मदद करेंगे। आप उसे मदद नहीं करेंगे। क्या आप उसे मदद करेंगे?

Future Perfect Continuous

पहचानः– ता आ रहा होगा, ती आ रही होगी, ते आ रहे होंगे

Affirmative

Rule: - Sub + will + have + been + V4 + Obj

Note: - से (निश्चित समय, अनिश्चित समय) = from.

वे दो दिनों से खेलते आ रहे होंगे।	They will have been playing from two days.
शिक्षक घंटों से पढ़ाते आ रहे होंगे।	The teacher will have been teaching from hours.
वह सुबह से लिखती आ रही होगी।	She will have been writing from morning.

Negative

Rule: Sub + will + not + have + been + V4 + Obj

बच्चे फिल्में नहीं देखते आ रहे होंगे।	The children will not have been watching films.
वह तुमसे नहीं मिलती आ रही होगी।	She will not have been meeting you.
डॉक्टर मरीज को नहीं देखता आ रहा होगा।	The doctor will not have been seeing the patient.

Interrogative

Rule: Will + Sub + have + been + V4 + Obj

क्या आप कॉफी पीते आ रहे होंगे?	Will you have been drinking coffee?
क्या वे यह काम करते आ रहे होंगे?	Will they have been doing this work?
क्या वह हॉकी खेलता आ रहा होगा?	Will he have been playing hockey?

Double Interrogative

Rule: Wh + will + Sub + have + been + V4 + Obj

हम कहाँ मिलते आ रहे होंगे?	Where will we have been meeting?
यह काम कौन करता आ रहा होगा?	Who will have been doing this work?
वे कैसे सीखते आ रहे होंगे?	How will they have been learning?

Exercise 1

मैंने यह किताब नहीं खरीदी। क्या वह तुमसे रोज मिलता है? क्या बच्चे आज फुटबॉल खेलेंगे? हम अमेरिका में क्यों नहीं रहेंगे? वह यहां कब आती है? क्या लोग यह फिल्म देख चुके हैं? वे झूठ बोलते आ रहे हैं? आपको उससे बात करने की जरुरत है। मैं उससे सोमवार से मिलता आ रहा था। क्या वे दस मिनट से पत्र लिखते आ रहे थे? तुमने वहां क्या किया? आप मिठाई क्यों नहीं खाते थे? यहां क्रिकेट किसने खेला? मैं उसे नहीं बुला रहा था। आपको उसे दवाई अवश्य देनी है। हमें वहां नहीं ठहरना चाहिए।

Exercise 2

मैंने नहीं देखा उसने वहां क्या किया। आप उससे क्या पूछते हैं जब आप उससे मिलते हैं? पुलिस ने तुम्हें गिरफ्तार क्यों किया अगर तुम उससे नहीं लड़े? आप फ्रेंच बोलते हैं लेकिन आपका बॉस जर्मन बोलता है। तुमने कैसे जाना कि उसने तुम्हें धोखा दिया? क्या तुम सुन रहे हो जो मैं तुम्हें बता रहा हूं? मैं देख रहा हूं तुम उसके साथ कहां जा रहे हो।

Miscellaneous exercises

Exercise 1

आप गीत गाते हैं। आप गीत गा रहे हैं। आप गीत गा चुके हैं। आपने गीत गाया। आप गीत गा रहे थे। आप गीत गा चुके थे। आप गीत गायेंगे। आप गीत गाते रहेंगे। आप गीत गा चुकेंगे। मैं उससे बात करता हूं। मैं उससे बात कर रहा हूं। मैं उससे बात कर चुका हूं। मैंने उससे बात की। मैं उससे बात कर रहा था। मैं उससे बात कर चुका था। मैं उससे बात करूंगा। मैं उससे बात करता रहूंगा। मैं उससे बात कर चुकूंगा। वह फुटबॉल खेलता है। वह फुटबॉल खेल रहा है। वह फुटबॉल खेल चुका है। उसने फुटबॉल खेला। वह फुटबॉल खेल रहा था। वह फुटबॉल खेल चुका था। वह फुटबॉल खेलेगा। वह फुटबॉल खेलता रहेगा। वह फुटबॉल खेल चुकेगा।

Exercise 2
Translate into Hindi.

She does not go to school daily. We will not give him money. She will not have met you. Did Kavita sing the song? You will meet him today. Did Nitin play hockey? We have given him medicine. He has bought a book. India has won the match. He will buy a beautiful car. Did he see you in the market? We do not watch films. He has written a letter. She will marry you. Did you not advise him? Will you have taught him? I do not drive a car. Will the police have arrested him? Why are you learning computer science? Who is playing cricket there? Had she come here? Had you sent them abroad? What are you doing there? I will forgive him for this mistake.

Exercise 3

हम उससे मिल चुके हैं। हम उससे मिल चुके थे। हम उससे मिल चुकेंगे। आप क्या करते हैं? आपने क्या किया? आप क्या करेंगे? वह क्यों खेल रही हैं? वह क्यों खेल रही थी? वह क्यों खेलती रहेगी? आप फ्रेंच क्यों बोल रहे हैं? क्या वह गीत गा चुकी थी? क्या तुम ऑफिस पहुँच चुके थे? क्या बच्चे हॉकी खेल चुके थे? क्या वह यहां आ चुकी थी? क्या आप उन्हें स्कूल भेज चुके थे? तुम वहां क्या कर रहे हो? क्या आप उसे मदद करते हैं? वह मुझे नहीं जानती है। मैंने वहां बारिश देखी। वह परीक्षा पास कैसे करेगी? लोग शांति पसंद करते हैं। आपने अपनी ईमानदारी दिखायी।

*Some Hindi sentences are modified to help students translate easily.
*For word meaning see last pages of this book.

ADVANCED MODALS

Will have to

पहचान:– ना होगा / ना पड़ेगा
It shows Future Compulsion.

Rule: - Sub + will have to + V1 + Obj

Affirmative

मुझे यह काम कल करना होगा।	I will have to do this work tomorrow.
मुझे यह काम कल करना पड़ेगा।	I will have to do this work tomorrow.
उसे आज यहां आना होगा।	He will have to come here today.
बच्चों को फ्रेंच बोलनी होगी।	The children will have to speak French.

Negative

Rule: - Sub + will not have to + V1 + Obj

उन्हें रुपये नहीं बचाने होंगे।	They will not have to save money.
हमें उससे कुछ नहीं पूछना होगा।	We will not have to ask him anything.
मुझे उसका नाम नहीं पूछना होगा।	I will not have to ask his name.

Interrogative

Rule: - Will + Sub + have to + V1 + Obj

क्या उसे यह समस्या सुलझानी होगी?	Will he have to solve this problem?
क्या लोगों को यहाँ नहीं ठहरना होगा?	Will people not have to stay here?
मुझे इसके लिए क्या करना होगा?	What will I have to do for this?

Alert

क्या तुम जाओगे?	Will you go?
क्या तुम्हें जाना है?	Have you to go?
क्या तुम्हें जाना होगा?	Will you have to go?
क्या तुम जा चुकोगे?	Will you have gone?
क्या तुम जाना चाहते हो?	Do you want to go?

Exercise

तुम्हें ये किताबें खरीदनी होगी। तुम्हें ये किताबें खरीदनी थी। तुम्हें ये किताबें खरीदनी है। तुम ये किताबें खरीदा करते थे। तुम ये किताबें खरीदते होगे। तुम ये किताबें खरीद सके। तुम्हें ये किताबें खरीदनी चाहिए। वह मेरे साथ नहीं रह सका। हमें अभी घर नहीं जाना है। बच्चे रोज स्कूल क्यों नहीं जाया करते थे? क्या आपको यह बात उसे बतानी थी? हमें यह काम आज पूरा करना होगा। तुम्हें उसको सच बताना होगा। आपको यहां ठहरना होगा।

Would have to

पहचानः– ना पड़ता होगा
It shows Past Possibility + Compulsion.

Rule: - Sub + would have to + V1 + Obj

Affirmative

उसे शराब पीनी पड़ती होगी।	He would have to drink wine.
तुम्हें उसके साथ रहना पड़ता होगा।	You would have to live with him.
उन्हें पैसे खर्च करने पड़ते होंगे।	They would have to spend money.
तुम्हें अपनी पहचान छुपानी पड़ती होगी?	You would have to hide your identity.

Negative

Rule: - Sub + would not have to + V1 + Obj

आपको उसे सलाह नहीं देनी पड़ती होगी।	You would not have to advise him.
शिक्षक को कहानियां नहीं कहनी पड़ती होगी।	The teacher would not have to tell stories.
बच्चो को याद नहीं करना पड़ता होगा।	The children would not have to memorize.

Interrogative

Rule: - Would + Sub + have to + V1 + Obj

क्या लोगों को मछलियां खानी पड़ती होगी?	Would people have to eat fishes?
क्या उन्हें झूठ नहीं बोलना पड़ता होगा?	Would they not have to tell lies?
ड्राइवर को तेज क्यों चलना पड़ता है?	Why would the driver have to drive fast?
उन्हें वहां क्या करना पड़ता होगा?	What would they have to do there?

Alert

वह खेलेगा।	He will play.
वह खेलता होगा।	He would play.
उसे खेलना होगा।	He will have to play.
उसे खेलना पड़ता होगा।	He would have to play.
उसे खेलना ही चाहिए।	He should have to play.

Exercise

उसे कॉफी पीनी पड़ती होगी। उसे कॉफी पीनी पड़ेगी। उसे कॉफी पीने की जरूरत है। वह कॉफी पीया करता था। उसे कॉफी पीनी थी। उसे कॉफी पीनी है। वह कॉफी पीता होगा। उसे कॉफी पीनी चाहिए। वह कॉफी पी सका। वह कॉफी पी सकता है। वह कॉफी पीता है। वह कॉफी पी रहा है। वह कॉफी पी चुका है। उसने कॉफी पी। वह कॉफी पी रहा था। वह कॉफी पी चुका था। वह कॉफी पीयेगा। वह कॉफी पीता रहेगा। वह कॉफी पी चुकेगा।

*The modal 'should have to' is used very less in English.

May have to

पहचान:– ना पड़ सकता है

It shows Present Possibility + Compulsion.

Rule: - Sub + may have to + V1 + Obj

Affirmative

उन्हें यह शहर छोड़ना पड़ सकता है।	They may have to leave this city.
आपको डॉक्टर के पास जाना पड़ सकता है।	You may have to go to the doctor.
हमें उसको पैसा देना पड़ सकता है।	We may have to give him money.

Negative

Rule: - Sub + may not have to + V1 + Obj

उसे कार नहीं खरीदनी पड़ सकती है।	He may not have to buy a car.
आपको यह काम नहीं करना पड़ सकता है।	You may not have to do this work.
हमें दवाई नहीं लेनी पड़ सकती है।	We may not have to take medicine.

Interrogative

Rule: - May + Sub + have to + V1 + Obj

क्या आतंकियों को बाहर जाना पड़ सकता है?	May the terrorists have to go out?
क्या पुलिस को वहां पहुंचना पड़ सकता है?	May the police have to reach there?
क्या उसे यह कविता याद करनी पड़ सकती है?	May he have to memorize this poem?
आपको उसे माफ क्यों करना पड़ सकता है?	Why may you have to forgive him?

Alert

उसे जाना पड़ सकता है।	He may have to go.
वह जा सकता है। (संभावना)	He may go.
शायद वह जा सकता है। (कम संभावना)	He might go.
उसे जाना पड़ता है।	He has to go.
शायद उसे जाना पड़ सकता है। (कम संभावना)	He might have to go.

Exercise

उसे यहां ठहरना पड़ सकता है। उसे यहां ठहरना पड़ता होगा। उसे यहां ठहरना पड़ेगा। उसे यहां ठहरना है। उसे यहां ठहरना था। वह यहाँ ठहरा करता था। वह यहां ठहरता होगा। उसे यहां ठहरना चाहिए। वह यहाँ ठहर सका। वह यहाँ ठहर सकता है। हमें लोगों से बात करनी पड़ सकती है। तुम्हें कड़ी मेहनत करनी पड़ सकती है। लोगों को मुसीबत का सामना करना पड़ सकता है। हमें उसका नाम पूछना पड़ सकता है। उसे स्पेनिश सीखनी होगी। बच्चे आपसे क्या पूछा करते थे? हमें वहां कैसे पहुंचना था? शालिनी को रवि के बारे में क्या जानना है?

*For word meaning see last pages of this book.

Having to

पहचानः– ना पड़ रहा है

It shows Continuous Compulsion.

Rule: - Sub + is/am/are + having to + V1 + Obj

Affirmative

उसे फ्रेंच सीखनी पड़ रही है।	He is having to learn French.
मुझे यह कार चलानी पड़ रही है।	I am having to drive this car.
उन्हें इंसाफ के लिए लड़ना पड़ रहा है।	They are having to fight for justice.

Negative

Rule: - Sub + is/am/are + not + having to + V1 + Obj

उसे पैसे नहीं बचाना पड़ रहा है।	He is not having to save money.
आपको यह काम नहीं करना पड़ रहा है।	You are not having to do this work.
हमें कड़ी मेहनत नहीं करनी पड़ रही है।	We are not having to work hard.

Interrogative

Rule: - Is/am/are + Sub + having to + V1 + Obj

क्या उसे स्पेनिश बोलनी पड़ रही है?	Is she having to speak Spanish?
तुम्हारे भाई को शराब क्यों पीनी पड़ रही है?	Why is your brother having to drink wine?
तुम्हें अकेले कहाँ रहना पड़ रहा है?	Where are you having to live alone?
जनता को संघर्ष क्यों करना पड़ रहा है?	Why is the public having to struggle?

Alert

हमें सीखना पड़ता है।	We have to learn.
हमें सीखना पड़ रहा है।	We are having to learn.
हमें सीखना पड़ रहा था।	We were having to learn.
हम सीख रहे हैं।	We are learning.
हम सीखते आ रहे हैं।	We have been learning.
हमें सीखना पड़ सकता है।	We may have to learn.

Exercise

उसे इंग्लिश बोलनी पड़ रही है। उसे इंग्लिश बोलनी पड़ सकती है। उसे इंग्लिश बोलनी पड़ती होगी। उसे इंग्लिश बोलनी पड़ेगी। उसे इंग्लिश बोलनी पड़ती थी। उसे इंग्लिश बोलनी पड़ती है। वह इंग्लिश बोलता होगा। उसे इंग्लिश बोलनी चाहिए। वह इंग्लिश बोल सका। वह इंग्लिश बोल सकता है। हमें किताबें क्यों खरीदनी पड़ रही हैं? आपको उसे रूपये क्यों देने पड़ रहे हैं? विदेशियों को भारत में हिन्दी बोलनी पड़ रही है। क्या आपको मुझसे कुछ पूछना था? लोग तुम्हारे बारे में नहीं जानते होंगे। भारत को यह मैच जीतना होगा। उसे मेरा नाम क्यों जानना है? आपको उससे शादी कब करनी है?

Could have + V3

पहचानः– सकता था, सकती थी, सकते थे
संकेतः– क्षमता थी लेकिन काम नहीं किया गया।
It shows Past Capacity + Work not done.

Rule: - Sub + could have + V3 + Obj

Affirmative

वे यह मैच जीत सकते थे। (जीते नहीं)	They could have won this match.
वह यहां आ सकता था। (आया नहीं)	He could have come here.
आप उसे पढ़ा सकते थे। (पढ़ाये नहीं)	You could have taught him.
वह तुमसे शादी कर सकती थी। (की नहीं)	She could have married you.

Negative
Rule: - Sub + could not have + V3 + Obj

हम उससे नहीं मिल सकते थे। (लेकिन मिले)	We could not have met him.
वह परीक्षा पास नहीं कर सकता था। (लेकिन किया)	He could not have passed the exam.
लोग झूठ नहीं बोल सकते थे। (लेकिन बोले)	People could not have lied.

Interrogative
Rule: - Could + Sub + have + V3 + Obj

क्या वह पैसे बचा सकता था? (बचाया नहीं)	Could he have saved money?
क्या हम उसे यहां बुला सकते थे? (बुलाये नहीं)	Could we have called him here?
क्या पुलिस उसे गिरफ्तार कर सकती थी? (किया नहीं)	Could the police have arrested him?
हम वहाँ कब पहुँच सकते थे? (पहुंचे नहीं)	When could we have reached there?

Alert

आप इंग्लिश बोल सकते हैं।	You can speak English.
आप इंग्लिश बोल सके।	You could speak English.
आप इंग्लिश बोल सकते थे। (क्षमता थी–बोले नहीं)	You could have spoken English.

Exercise

मैं यह काम कर सकता हूं। मैं यह काम कर सका। मुझे यह काम करना चाहिए। मुझे यह काम करना है। मुझे यह काम करना था। मैं यह काम किया करता था। मुझे यह काम करना होगा। मुझे यह काम करना पड़ सकता है। मुझे यह काम करना पड़ रहा है। मैं यह काम कर सकता था। आप उसे मदद कर सकते थे। हम उसे लंदन भेज सकते थे। क्या वह अपना नाम बदल सकता था? आप उससे रूपये ले सकते थे। लोग अमीर क्यों नहीं बन सके? हमें उससे आज क्यों मिलना है? तुम उसे डांट सकते थे। आप उसके बारे में क्या जानते हैं? हम वहां क्यों जा रहे हो? वह मकान खरीद सकता था। आप यह किताब बेच सकते थे। हम खाना बना सकते थे। लोगों ने वहां क्या देखा? आपने यह सब कैसे किया?

Should have + V3

पहचानः– ना चाहिए था, नी चाहिए थी, ने चाहिए थे
संकेतः– कर्तव्य था लेकिन काम नहीं किया गया।
It shows Past Duty + Work not done.

Rule: - Sub + should have + V3 + Obj

Affirmative

हमें फ्रेंच सीखनी चाहिए थी। (सीखे नहीं)	We should have learnt French.
उन्हें गरीबों को मदद करनी चाहिए थी। (किया नहीं)	They should have helped poor.
आपको पैसे कमाना चाहिए था। (कमाये नहीं)	You should have earned money.
जज को उसे सजा देनी चाहिए थी। (दिया नहीं)	The judge should have punished him.

Negative

Rule: - Sub + should not have + V3 + Obj

उसे शराब नहीं पीनी चाहिए थी। (लेकिन पीया)	He should not have drunk wine.
तुम्हें यह घड़ी नहीं बेचनी चाहिए थी। (लेकिन बेची)	You should not have sold this watch.
आपको सबकुछ नहीं बताना चाहिए था। (लेकिन बताया)	You should not have told everything.

Interrogative

Rule: - Should + Sub + have + V3 + Obj

क्या मुझे उस पर विश्वास करना चाहिए था? (किया नहीं)	Should I have believed him?
क्या लोगों को उम्मीद करनी चाहिए थी? (किया नहीं)	Should people have expected?
हमें वहां कब पहुंचना चाहिए था? (पहुंचे नहीं)	When should we have reached there?
यह काम कैसे होना चाहिए था? (हुआ नहीं)	How should this work have happened?
आज बारिश क्यों होनी चाहिए थी? (हुई नहीं)	Why should it have rained today?

Alert

उसे जाना चाहिए था। (कर्तव्य था–गया नहीं)	He should have gone.
वह जा सकता था। (क्षमता थी–गया नहीं)	He could have gone.
उसे जाना चाहिए।	He should go.
वह जा सकता है।	He can go.

Exercise

तुम्हें उससे मिलना चाहिए था। तुम उससे मिल सकते थे। तुम्हें उससे मिलना है। तुम्हें उससे मिलना पड़ सकता है। तुम्हें उससे मिलना पड़ेगा। तुम्हें उससे मिलना पड़ता होगा। तुम उससे मिलते होगे। तुम उससे मिला करते थे। वह आपको रूपये दे सकता था। तुम उन्हें बेवकूफ नहीं बना सकते हो। हमें यह काम नहीं करना था। उसने मेरे साथ ऐसा क्यों किया? तुम उससे कुछ क्यों नहीं पूछते हो? आप मुझे यह किताब कब देंगे? लोग आपसे यह सवाल क्यों पूछ रहे थे? नितिन को डॉक्टर बनना चाहिए था? आपको मकान बनाना चाहिए था। उन्हें वफादार होना चाहिए था। आपको उसका अपमान नहीं करना चाहिए था।

Would have + V3

पहचान:– चुका होता, लिया होता, आ होता
संकेत:– संभावना थी लेकिन काम नहीं किया गया।
It shows Past Possibility + Work not done.

Rule: - Sub + would have + V3 + Obj

Affirmative

वह पत्र लिख चुका होता। (लिखा नहीं)	He would have written a letter.
हमने अपना काम कर लिया होता। (किया नहीं)	We would have done our work.
बच्चों ने जर्मन सीख लिया होता। (सीखा नहीं)	The children would have learnt German.
वह परीक्षा पास कर चुकी होती। (किया नहीं)	She would have passed the exam.

Negative

Rule: - Sub + would not have + V3 + Obj

तुम मिठाई नहीं खा चुके होते। (लेकिन खाये)	You would not have eaten sweet.
हम उसे रूपये नहीं दे चुके होते। (लेकिन दिये)	We would not have given him money.
लोगों ने उत्सव नहीं मनाया होता। (लेकिन मनाया)	People would not have celebrated.

Interrogative

Rule: - Would + Sub + have + V3 + Obj

क्या वह तुमसे शादी कर चुकी होती? (किया नहीं)	Would she have married you?
क्या पुलिस आतंकी को मार चुकी होती? (मारा नहीं)	Would the police have killed a terrorist?
क्या सैनिक युद्ध जीत चुके होते? (जीते नहीं)	Would the soldiers have won the war?
हम वहाँ कब पहुँच चुके होते? (पहुंचे नहीं)	When would we have reached there?
लोग कैसे मर चुके होते? (मरे नहीं)	How would people have died?

Alert

वह खेल सकता था। (क्षमता थी–खेला नहीं)	He could have played.
उसे खेलना चाहिए था। (कर्तव्य था–खेला नहीं)	He should have played.
वह खेल चुका होता। (संभावना थी–खेला नहीं)	He would have played.

Exercise

वह तुमसे बात कर सकती थी। उसे तुमसे बात करनी चाहिए थी। वह तुमसे बात कर चुकी होती। आप यह फिल्म नहीं देख सकते थे। आपको यह फिल्म नहीं देखनी चाहिए थी। आप यह फिल्म नहीं देख चुके होते। क्या मैं उसे मदद कर सकता था? क्या मुझे उसकी मदद करनी चाहिए थी? क्या मैं उसकी मदद कर चुका होता? वे यह काम कर सकते हैं। हम उसे लंदन भेज सकते थे। आप उससे रूपये ले सकते थे। लोग अमीर क्यों नहीं बन सके? हमें उससे आज क्यों मिलना है? आप उसे डांट सकते थे। वह मेरे बारे में क्या जानती है? वह अपराधी नहीं बन चुका होता। वकील कोई सवाल नहीं पूछ चुका होता। जज केस बंद कर चुके होते। हम सच्चाई समझ चुके होते।

May have + V3

पहचानः– चुका होगा, लिया होगा
संकेतः– संभावना है कि काम हो गया है।
It shows Past Possibility + Work done.

Rule: - Sub + may have + V3 + Obj

Affirmative

वह शराब पी चुका होगा। (शायद पीया) He would have drunk wine.
वह पत्र लिख चुकी होगी। (शायद लिखा) She may have written a letter.
बच्चे फिल्म देख चुके होंगे। (शायद देखा) The children may have watched a film.
तुम्हारा भाई डॉक्टर बन चुका होगा। (शायद बना) Your brother may have become a doctor.

Negative

Rule: - Sub + may not have + V3 + Obj

उसने खाना नहीं बनाया होगा। He may not have cooked food.
शिक्षक ने आज नहीं पढ़ाया होगा। The teacher may not have taught today.
उसने परीक्षा पास नहीं की होगी। He may not have passed the exam.

Interrogative

Rule: - May + Sub + have + V3 + Obj

क्या वह तुम्हें भूल चुका होगा? May he have forgotten you?
क्या पुलिस आतंकी को मार चुकी होगी? May the police have killed the terrorist?
लोग कहाँ पहुँच चुके होंगे? Where may people have reached?
वह अब तक क्या कर चुका होगा? What may he have done till now?

Alert

वह लिख सकता था। (क्षमता थी–लिखा नहीं) He could have written.
उसे लिखना चाहिए था। (कर्तव्य था–लिखा नहीं) He should have written.
वह लिख चुका होता। (संभावना थी–लिखा नहीं) He would have written.
वह लिख चुका होगा। (शायद लिखा) He may have written.
शायद वह लिख चुका होगा। (कम संभावना) He might have written.
वह अवश्य लिख चुका है। (काम जरूर हो चुका है) He must have written.

Exercise

बच्चे स्कूल जा चुके होंगे। बच्चे स्कूल जा चुके होते। बच्चों को स्कूल जाना चाहिए था। बच्चे स्कूल जा सकते थे। बच्चों को स्कूल जाना पड़ सकता है। बच्चों को स्कूल जाना पड़ता होगा। बच्चों को स्कूल जाना पड़ेगा। तुम्हारे दोस्त घर पहुंच चुके होंगे। उसे मेरे बारे में क्या जानना था? लोग राजनीति पसंद क्यों नहीं करते हैं? क्या आप हमें नहीं समझते हैं? यहाँ कौन चिल्ला रहा था? वह झूठ नहीं छुपा सकता था। हमें उससे क्या पूछना चाहिए था? पुलिस उसे गिरफ्तार कर चुकी होगी।

Have had to

पहचान:– करना ही है

It shows Present Enforcement.

Rule: - Sub + have had to / have got to + V1 + Obj

Affirmative

मुझे यह काम करना ही है।	I have had to do this work.
मुझे यह काम करना ही है।	I have got to do this work.
उसे इंग्लिश सीखनी ही है।	He has had to learn English.
आपको उससे बात करनी ही है।	You have had to talk to him.

Negative

Rule: - Sub + have not had to + V1 + Obj

उसे शराब पीनी ही नहीं है।	He has not had to drink wine.
हमें आज वहां पहुंचना ही नहीं है।	We have not had to reach there today.
लोगों को सच्चाई जानना ही नहीं है।	People have not had to know truth.

Interrogative

Rule: - Have + Sub + had to + V1 + Obj

क्या तुम्हें कम्प्यूटर सीखना ही है?	Have you had to learn computer?
क्या आपको उससे बदला लेना ही है?	Have you had to take revenge on him?
क्या उसे इस साल शादी करनी ही है?	Has he had to marry this year?
क्या आपको लोगों से मिलना ही है?	Have you had to meet people?

Alert

I have had to go.	मुझे जाना ही है।
I must have to go.	मुझे अवश्य जाना है।
I should have to go.	मुझे जाना ही चाहिए।
I have to go.	मुझे जाना है।
I need to go.	मुझे जाने की जरूरत है।
I am to go.	मैं जाने को हूं।
I am about to go.	मैं जाने वाला हूं।

Exercise

वह फिल्म देख सकता है। वह फिल्म देख सका। उसे फिल्म देखनी चाहिए। वह फिल्म देखता होगा। उसे फिल्म देखनी है। उसे फिल्म देखनी थी। उसे फिल्म देखने की जरूरत है। उसे फिल्म अवश्य देखनी है। उसे फिल्म देखनी होगी। उसे फिल्म देखनी पड़ती होगी। उसे फिल्म देखनी पड़ सकती है। उसे फिल्म देखनी पड़ रही है। वह फिल्म देख सकता था। उसे फिल्म देखनी चाहिए थी। वह फिल्म देख चुका होता। वह फिल्म देख चुका होगा। उसे फिल्म देखनी ही है।

Had had to

पहचानः– करना ही था

It shows Past Enforcement.

Rule: - Sub + had had to / had got to + V1 + Obj

Affirmative

मुझे यह काम करना ही था।	I had had to do this work.
मुझे यह काम करना ही था।	I had got to do this work.
उसे इंग्लिश सीखनी ही थी।	He had had to learn English.
आपको उससे बात करनी ही थी।	You had had to talk to him.

Negative

Rule: - Sub + had not had to + V1 + Obj

हमें आज वहां जाना ही नहीं था।	We had not had to go there today.
आपको यह काम करना ही नहीं था।	You had not had to do this work.
उसे इंग्लिश सीखनी ही नहीं थी।	He had not had to learn English.
आपको उससे बात करनी ही नहीं थी।	You had not had to talk to him.

Interrogative

Rule: - Had + Sub + had to + V1 + Obj

क्या तुम्हें कम्प्यूटर सीखना ही था?	Had you had to learn computer?
क्या आपको उससे बदला लेना ही था?	Had you had to take revenge on him?
क्या उसे इस साल शादी करनी ही थी?	Had he had to marry this year?
क्या हमें उससे यह सवाल पूछना ही था?	Had we had to ask him this question?

Alert

She had had to play.	उसे खेलना ही था।
She had got to play.	उसे खेलना ही था।
She had to play.	उसे खेलना था।
She had played.	वह खेल चुकी थी।
She had been playing.	वह खेलती आ रही थी।

Exercise

हमें इंग्लिश सीखनी है। हमें इंग्लिश सीखनी थी। हमें इंग्लिश सीखनी ही थी। हमें इंग्लिश सीखनी होगी। हमें इंग्लिश सीखनी पड़ सकती है। हम इंग्लिश सीख सकते थे। हमें इंग्लिश सीखनी चाहिए थी। हम इंग्लिश सीख चुके होते। आप मुसीबतों का सामना कर सकते थे। उसे मेरे बारे में किसने बताया? आप उसे स्पेनिश कैसे पढ़ाते हैं? हम उसे आज यहां नहीं बुलायेंगे। आपको यह काम कल करना चाहिए था। तुम उसके बारे में मुझे बता सकते हो। वे मेरा नाम जान चुके हैं। बच्चे घर पहुंच चुके हैं। उसे लंदन पहुंचना है। आप फ्रेंच क्यों बोल रहे हैं? यहां क्रिकेट कौन खेल रहा है? यह काम कौन कर रहा है?

Could have had to

पहचानः– ना पड़ सकता था
संकेतः– काम मजबूरी में किया जा सकता था–लेकिन नहीं किया गया।
It shows Past Capacity + Compulsion + Work not done.

Rule: - Sub + could have had to + V1 + Obj

Affirmative

हमें वहां जाना पड़ सकता था।	We could have had to go there.
उसे फ्रेंच सीखनी पड़ सकती थी।	He could have had to learn French.
तुम्हें दवाई लेनी पड़ सकती थी।	You could have had to take medicine.
लोगों को यह शहर छोड़ना पड़ सकता था।	People could have had to leave this city.

Negative

Rule: - Sub + could not have had to + V1 + Obj

मुझे यह घड़ी नहीं बेचनी पड़ सकती थी।	I could not have had to sell this watch.
उसे क्रिकेट नहीं खेलना पड़ सकता था।	He could not have had to play cricket.
हमें यह काम नहीं करना पड़ सकता था।	We could not have had to do this work.

Interrogative

Rule: - Could + Sub + have had to + V1 + Obj

क्या मुझे जवाब देना पड़ सकता था?	Could I have had to answer?
क्या पुलिस को उसे गिरफ्तार करना पड़ सकता था?	Could the police have had to arrest him?
क्या उन्हें डॉक्टर के पास जाना पड़ सकता था?	Could they have had to go to the doctor?

Alert

उसे फ्रेंच सीखनी पड़ सकती थी।	She could have had to learn French.
उसे फ्रेंच सीखनी ही थी।	She had had to learn French.
उसे फ्रेंच सीखनी ही है।	She has had to learn French.
वह फ्रेंच सीख सकती थी।	She could have learnt French.
उसे फ्रेंच सीखनी थी।	She had to learn French.

Exercise

उसे पत्र लिखना पड़ सकता था। हमें यह काम करना पड़ सकता था। तुम्हें यहां ठहरना चाहिए था। तुम्हारा भाई परीक्षा पास चुका होगा। हमें आपसे कुछ नहीं पूछना है। मैं उसे कैसे भूल सकता हूं? वह मेरे बारे में क्या सोचती है? यहां कौन रहता होगा? आपको यह काम करना चाहिए। हमें उससे कहां मिलना चाहिए? बच्चों को यहां क्यों ठहरना चाहिए? कविता नितिन से क्या पूछा करती थी? मैं उससे नहीं मिल सका। तुम उसका दिल जीत सकते हो? आपको उसे माफ करना चाहिए? हमें यह काम क्यों नहीं करना चाहिए? हम यह काम क्यों नहीं कर सके? हम यह काम क्यों नहीं कर सकते हैं?

Would have had to

पहचानः– ना पड़ा होता
संकेतः– काम मजबूरी में किया जाता–लेकिन नहीं किया गया।
It shows Past Possibility + Compulsion + Work not done.

Rule: - Sub + would have had to + V1 + Obj

Affirmative

उसे घर खरीदना पड़ा होता।	He would have had to buy a house.
आपको यह फिल्म देखनी पड़ी होती।	You would have had to watch this film.
विदेशियों को यहाँ आना पड़ा होता?	Foreigners would have had to come here.
मुझे यह कम्प्यूटर ठीक करना पड़ा होता।	I would have had to repair this computer.

Negative

Rule: - Sub + would not have had to + V1 + Obj

हमें अमेरिका नहीं जाना पड़ा होता।	We would not have had to go to America.
उसे पैसे खर्च नहीं करना पड़ा होता।	He would not have had to spend money.
आपको इंसाफ के लिए नहीं लड़ना पड़ा होता।	You would not have had to fight for justice.

Interrogative

Rule: - Would + Sub + have had to + V1 + Obj

क्या मुझे उस पर भरोसा करना पड़ा होता?	Would I have had to trust him?
क्या आपको समस्या सुलझानी पड़ी होती?	Would you have had to solve a problem?
क्या लोगों को यह शहर छोड़ना पड़ा होता?	Would people have had to leave this city?
क्या भारत को पाकिस्तान से लड़ना पड़ा होता?	Would India have had to fight Pakistan?

Alert

उसे जाना पड़ा होता।	He would have had to go.
उसे जाना पड़ सकता था।	He could have had to go.
वह जा सकता था।	He could have gone.
उसे जाना चाहिए था।	He should have gone.
वह जा चुका होता।	He would have gone.
वह जा चुका होगा।	He may have gone.

Exercise

उसे कॉफी पीनी पड़ी होती। आप उसे क्या पढ़ाया करते थे? उन्हें स्पेनिश बोलनी पड़ती होगी। हमें आज वहां क्यों जाना था? आपको यह काम कैसे करना है? तुम्हें अपनी गलतियां नहीं भूलनी चाहिए। लोग उसके बारे में जान चुके होंगे। मुझे उससे कुछ नहीं पूछना चाहिए था। हमें आज ऑफिस नहीं जाना होगा। आप उसे मेरा पता दे सकते थे। उसने यह सवाल मुझसे क्यों पूछा? क्या वह तुम्हें मदद करता है? क्या आपने उससे शादी नहीं की? कविता मुझसे नहीं मिलती है। हम कल वहां पहुंच चुकेंगे।

May have had to

पहचानः– ना पड़ा होगा
संकेतः– काम मजबूरी में किया गया होगा।
It shows Past Possibility + Compulsion + Work done.

Rule: - Sub + may have had to + V1 + Obj

Affirmative

उसे कॉफी पीनी पड़ी होगी।	He may have had to drink coffee.
उन्हें यह फिल्म देखनी पड़ी होगी।	They may have had to watch this film.
तुम्हें उसको माफ करना पड़ा होगा।	You may have had to forgive him.
शिक्षक को आज पढ़ना पड़ा होगा।	The teacher may have had to teach today.

Negative

Rule: - Sub + may not have had to + V1 + Obj

उसे फुटबॉल नहीं खेलना पड़ा होगा।	He may not have had to play football.
हमें अमेरिका नहीं जाना पड़ा होगा।	We may not have had to go to America.
उसे पैसे खर्च नहीं करने पड़े होंगे।	He may not have had to spend money.

Interrogative

Rule: - May + Sub + have had to + V1 + Obj

क्या उसे कंप्यूटर खरीदना पड़ा होगा?	May he have had to buy a computer?
क्या आपको जल्दी उठना पड़ा होगा?	May you have had to get up early?
क्या जज को केस बंद करना पड़ा होगा?	May the judge have had to close the case?
क्या उसे दरवाजा खोलना पड़ा होगा?	May he have had to open the door?

Alert

आपको बोलना पड़ सकता था।	You could have had to speak.
आपको बोलना पड़ा होता।	You would have had to speak.
आपको बोलना पड़ा होगा।	You may have had to speak.
आपको बोलना ही है।	You have had to speak.
आपको बोलना ही था।	You had had to speak.

Exercise

आप उसे पढ़ा सकते थे। आपको उसे पढ़ाना चाहिए था। आप उसे पढ़ा चुके होते। आप उसे पढ़ा चुके होंगे। आप उसे पढ़ा चुके हैं। आप उसे पढ़ा चुके थे। आप उसे पढ़ा चुकेंगे। तुमने उससे कुछ क्यों नहीं पूछा? उसने मुझे तुम्हारे साथ कब देखा? लोगों को वहां समय पर पहुंचना चाहिए था। आप उसके लिए कुछ कर सकते थे। उसे आज कहां जाना था? लोग गरीबों की मदद क्यों नहीं कर सकते हैं? आप मेरा पता उससे पूछ सकते थे। उसे अपराधियों का साथ नहीं देना चाहिए था। आप लोगों को गुमराह नहीं कर सकते हैं। हम यहाँ मकान बना सकते हैं।

Miscellaneous exercises

Exercise 1

वह पत्र लिख सकता है। वह पत्र लिख सका। उसे पत्र लिखना चाहिए। वह पत्र लिखता होगा। उसे पत्र लिखना है। उसे पत्र लिखना था। वह पत्र लिखा करता था। उसे पत्र लिखने की जरूरत है। उसे पत्र जरूर लिखना चाहिए। वह पत्र लिखता है। वह पत्र लिख रहा है। वह पत्र लिख चुका है। वह पत्र लिखता आ रहा है। उसने पत्र लिखा। वह पत्र लिख रहा था। वह पत्र लिख चुका था। वह पत्र लिखता आ रहा था। वह पत्र लिखेगा। वह पत्र लिखता रहेगा। वह पत्र लिख चुकेगा। वह पत्र लिखता आ रहा होगा। उसे पत्र लिखना होगा। उसे पत्र लिखना पड़ता होगा। उसे पत्र लिखना पड़ सकता है। उसे पत्र लिखना पड़ रहा है। वह पत्र लिख सकता था। उसे पत्र लिखना चाहिए था। वह पत्र लिख चुका होता। वह पत्र लिख चुका होगा। उसे पत्र लिखना ही है। उसे पत्र लिखना ही था। उसे पत्र लिखना पड़ सकता था। उसे पत्र लिखना पड़ा होता। उसे पत्र लिखना पड़ा होगा।

Exercise 2
Translate this story into Hindi.

An African, while moving in a forest, gets a piece of glass. Before this he hadn't seen any glass so he got attracted to it. He brings the piece home and looks into it. He sees a face inside and assumes that is his father. Now he starts talking to the face almost every day. One day, his wife notices his talking activity and wants to investigate. When the man is out for some work, she picks up the mirror in hand and sees a face inside. Her doubt increases and she believes this is the woman her husband talks to so often. Getting angry, she comes to her mother-in-law with the complaint. She speaks: Your son looks into this piece and talks to this woman quite frequently. The mother takes the piece in her hand to observe. She also finds a face inside but replies: You are right but you don't need to worry. This woman is very old and will die soon!

Exercise 3
Compound sentences

मैं जानता हूं आप क्या कर सकते हैं। लोग झूठ बोलते हैं इसलिए वे तरक्की नहीं करते हैं। मैं वहा गया लेकिन मैं उससे नहीं मिला। तुम यहाँ आये लेकिन तुमने कोई तस्वीर नहीं देखी। तुम्हें किताब खरीदनी थी फिर भी तुम बाजार नहीं गए। उसे पैसे कमाना है इसलिए वह शहर में रहता है। आपका भाई परीक्षा पास कर सकता था लेकिन आपने उसे नहीं पढ़ाया। उसकी बहन डॉक्टर बन सकती थी लेकिन उसने मदद नहीं की। बच्चे घर पहुँच चुके होंगे और शिक्षक बाजार पहुँच चुके होंगे। क्या आप गीत गा रहे हैं या आप गीत गा चुके हैं? क्या वह फुटबॉल खेल रहा था या वह फुटबॉल खेल चुका था? हमें सच जानना था इसलिये हमने पुलिस को बुलाया। रूस जीत सकता है और यूक्रेन हार सकता है।

ACTIVE PASSIVE VOICE

Present Indefinite

Affirmative

Active Voice: - Sub + V1/V5 + Obj

तुम क्रिकेट खेलते हो।   You play cricket.

Passive Voice: - Obj + is/am/are + V3 + by + Sub

क्रिकेट तुम्हारे द्वारा खेला जाता है।   Cricket is played by you.

Bare Passive: - Obj + is/am/are + V3

क्रिकेट यहां खेला जाता है।   Cricket is played here.

Negative

Active: - Sub + do/does + not + V1 + Obj

मैं उसे नहीं पढ़ाता हूं।   I do not teach him.

Passive: - Obj + is/am/are + not + V3 + by + Sub

उसे मेरे द्वारा नहीं पढ़ाया जाता है।   He is not taught by me.

Bare Passive: - Obj + is/am/are + not + V3

उसे इंग्लिश नहीं पढ़ायी जाती है।   He is not taught English.

Interrogative

Active: - Do/does + Sub + V1 + Obj

क्या वह फिल्में देखती है?   Does she watch films?

Passive: - Is/am/are + Obj + V3 + by + Sub

क्या फिल्में उसके द्वारा देखी जाती हैं?   Are the films watched by her?

Bare Passive: - Is/am/are + Obj + V3

क्या फिल्में यहां देखी जाती हैं?   Are the films watched here?

Alert

He teaches.   वह पढ़ता है।

He is taught.   उसे पढ़ाया जाता है।

Exercise

वह फुटबॉल खेलता है। फुटबॉल उसके द्वारा खेला जाता है। फुटबॉल भारत में खेला जाता है। तुम उसे क्यों डांटते हो? उसे तुम्हारे द्वारा क्यों डांटा जाता है? उसे क्यों डांटा जाता है? आप यह काम कैसे करते हैं? यह काम आपके द्वारा कैसे किया जाता है? यह काम कैसे किया जाता है? क्रिकेट अमेरिका में क्यों नहीं खेला जाता है? क्या वह आपको पसंद करती है? वे आपसे कब मिलते हैं? मैं उसे मदद करता हूं। क्या आप उसे नहीं पढ़ाते हैं? वह यहां क्या करता है? वह मुझे प्यार नहीं करती है। मुझे उसके द्वारा प्यार नहीं किया जाता है। मुझे प्यार नहीं किया जाता है?

Present Continuous

Affirmative

Active: - Sub + is/am/are + V4 + Obj

बच्चे इंग्लिश बोल रहे हैं।   The children are speaking English.

Passive: - Obj + is/am/are + being + V3 + by + Sub

इंग्लिश बच्चों द्वारा बोली जा रही है।   English is being spoken by the children.

Bare Passive: - Obj + is/am/are + being + V3

इंग्लिश क्लास में बोली जा रही है।   English is being spoken in class.

Negative

Active: - Sub + is/am/are + not + V4 + Obj

वह मुझे नहीं बुला रही है।   She is not calling me.

Passive: - Obj + is/am/are + not + being + V3 + Sub

मुझे उसके द्वारा नहीं बुलाया जा रहा है।   I am not being called by her.

Bare Passive: - Obj + is/am/are + not + being + V3

मुझे वहां नहीं बुलाया जा रहा है।   I am not being called there.

Interrogative

Active: - Is/am/are + Sub + V4 + Obj

आप उससे क्या पूछ रहे हैं?   What are you asking him?

Passive: - Is/am/are + Obj + being + V3 + by + Sub

उसे आपके द्वारा क्या पूछा जा रहा है?   What is he being asked by you?

Bare Passive: - Is/am/are + Obj + being + V3

उसे क्या पूछा जा रहा है?   What is he being asked?

Alert

You are calling.   तुम बुला रहे हो।
You are being called.   तुम्हें बुलाया जा रहा है।
You are called.   तुम्हें बुलाया जाता है।

Exercise

क्या वह फिल्में देख रही है? क्या फिल्में उसके द्वारा देखी जा रही हैं? क्या फिल्में वहां देखी जा रही हैं? क्या पुलिस चोर को पीट रही है? क्या चोर को पुलिस के द्वारा पीटा जा रहा है? क्या चोर को पीटा जा रहा है? वह रूपये नहीं देता है। वह रूपये नहीं दे रहा है। उसे रूपये नहीं दिये जाते हैं। उसे रूपये नहीं दिये जा रहे हैं। तुम यह काम कब पूरा करते हो? वह मुसीबत का सामना कैसे करता है? क्या वह गीत गा चुकी थी? क्या तुम पत्र लिख चुके थे? क्या बच्चे हॉकी खेल चुके हैं? क्या वह यहां आ चुकी है? आप हमें धोख क्यों दे रहे हैं? हमें आपके द्वारा धोखा क्यों दिया जा रहा है? हमें धोखा क्यों दिया जा रहा है?

*For word meaning see last pages of this book.

Present Perfect

Affirmative
Active: - Sub + have/has + V3 + Obj

पुलिस उसे गिरफ्तार कर चुकी है।   The police have arrested him.

Passive: - Obj + has/have + been + V3 + by + Sub

उसे पुलिस द्वारा गिरफ्तार किया जा चुका है।   He has been arrested by the police.

Bare Passive: - Obj + has/have + been + V3

उसे गिरफ्तार किया जा चुका है।   He has been arrested.

Negative
Active: - Sub + have/has + not + V3 + Obj

मैं यह काम नहीं कर चुका हूं।   I have not done this work.

Passive: - Obj + has/have + not + been + V3 + by + Sub

यह काम मेरे द्वारा नहीं किया जा चुका है।   This work has not been done by me.

Bare Passive: - Obj + has/have + not + been + V3

यह काम अभी तक नहीं किया जा चुका है।   This work has not been done till now.

Interrogative
Active: - Have/has + Sub + V3 + Obj

क्या आप उसे रूपये दे चुके हैं?   Have you given him money?

Passive: - Has/have + Obj + been + V3 + by + Sub

क्या उसे आपके द्वारा रूपये दिये जा चुके हैं?   Has he been given money by you?

Bare Passive: - Has/have + Obj + been + V3

क्या उसे रूपये दिये जा चुके हैं?   Has he been given money?

Alert
मैं रूपये दे चुका हूं।   I have given money.

मुझे रूपये दिये जा चुके हैं।   I have been given money.

मैं रूपये देता हूं।   I give money.

मुझे रूपये दिये जाते हैं।   I am given money.

मैं रूपये दे रहा हूं।   I am giving money.

मुझे रूपये दिये जा रहे हैं।   I am being given money.

Exercise
क्या वह रूपये खर्च कर चुका है? क्या रूपये उसके द्वारा खर्च किये जा चुके हैं? क्या सभी रूपये खर्च किये जा चुके हैं? आप उसे मदद क्यों नहीं करते हैं? उसे आपके द्वारा मदद क्यों नहीं की जाती है? उसे मदद क्यों नहीं की जाती है? वह यहां क्या कर रहा है? मुझे यह सवाल क्यों पूछा जा रहा है? आप उसे यहां कब बुला रहे हैं? लोग वहां कैसे पहुंच रहे हैं? उसे क्यों डांटा जा रहा है? मुझे यह बात बतायी जा चुकी है।

Past Indefinite

Affirmative
Active: - Sub + V2 + Obj

उसने किताब खरीदी।   He bought the book.

Passive: - Obj + was/were + V3 + by + Sub

किताब उसके द्वारा खरीदी गयी।   The book was bought by him.

Bare Passive: - Obj + was/were + V3

यह किताब कल खरीदी गयी।   This book was bought yesterday.

Negative
Active: - Sub + did + not + V1 + Obj

मैंने उसे नहीं पढ़ाया।   I did not teach him.

Passive: - Obj + was/were + not + V3 + by + Sub

उसे मेरे द्वारा नहीं पढ़ाया गया।   He was not taught by me.

Bare Passive: - Obj + was/were + not + V3

उसे नहीं पढ़ाया गया।   He was not taught.

Interrogative
Active: - Did + Sub + V1 + Obj

आपने यह काम क्यों नहीं किया?   Why did you not do this work?

Passive: - Was/were + Obj + V3 + by + Sub

यह काम आपके द्वारा क्यों नहीं किया गया?   Why was this work not done by you?

Bare Passive: - Was/were + Obj + V3

यह काम आज क्यों नहीं किया गया?   Why was this work not done today?

Alert
उसने क्या बताया?   What did he tell?

उसे क्या बताया गया?   What was he told?

क्या उसने कुछ बताया?   Did he tell anything?

क्या उसे कुछ बताया गया?   Was he told anything?

Exercise
आपने उससे क्या पूछा? उसे आपके द्वारा क्या पूछा गया? उसे आज क्या पूछा गया? वह मुझे समझा चुकी है। मुझे उसके द्वारा समझाया जा चुका है। मुझे समझाया जा चुका है। तुम उसे पसंद क्यों नहीं करते हो? क्या उसने परीक्षा पास नहीं की? आप उससे कब मिलते हैं? यह घड़ी क्यों नहीं बेची गयी? शराब इस हॉटेल में नहीं पी जाती है। वह अमेरिका में कैसे रहता है? आपने उससे शादी क्यों नहीं की? लोगों ने वहां क्या देखा? वहां लोगों के द्वारा क्या देखा गया? वहां क्या देखा गया?

*Some Hindi sentences are modified to help students translate easily.

Past Continuous

Affirmative

Active: - Sub + was/were + V4 + Obj

वह पत्र लिख रहा था।   He was writing a letter.

Passive: - Obj + was/were + being + V3 + by + Sub

पत्र उसके द्वारा लिखा जा रहा था।   A letter was being written by him.

Bare Passive: - Obj + was/were + being + V3

यह पत्र लिखा जा रहा था।   This letter was being written.

Negative

Active: - Sub + was/were + not + V4 + Obj

वह फिल्म नहीं देख रही थी।   She was not watching a film.

Passive: - Obj + was/were + not + being + V3 + by + Sub

फिल्म उसके द्वारा नहीं देखी जा रही थी।   A film was not being watched by her.

Bare Passive: - Obj + was/were + not + being + V3

यह फिल्म नहीं देखी जा रही थी।   This film was not being watched.

Interrogative

Active: - Was/were + Sub + V4 + Obj

आप क्या कर रहे थे?   What were you doing?

Passive: - Was/were + Obj + being + V3 + by + Sub

आपके द्वारा क्या किया जा रहा था?   What was being done by you?

Bare Passive: - Was/were + Obj + being + V3

अब तक क्या किया जा रहा था?   What was being done till now?

Alert

वह क्या पूछ रही थी?	What was she asking?
उसे क्या पूछा जा रहा था?	What was she being asked?
उसने क्या पूछा?	What did she ask?
उसे क्या पूछा गया?	What was she asked?

Exercise

वह फ्रेंच बोल रहा था। फ्रेंच उसके द्वारा बोली जा रही थी। फ्रेंच क्लास में बोली जा रही थी। क्या आपने उसे अपना नाम बताया? लोग गरीबों की मदद क्यों नहीं करते हैं? यह मैच कैसे जीता गया? उसे क्या पढ़ाया जा रहा था? स्पेनिश भारत में नहीं बोली जाती है। वे इंग्लिश कैसे सीख रहे हैं? आप उसे मदद क्यों नहीं कर रहे थे? उसे आपके द्वारा मदद क्यों नहीं की जा रही थी? उसे मदद क्यों नहीं की जा रही थी? वह यहां क्या कर रहा था? यहां उसके द्वारा क्या किया जा रहा था? यहां क्या किया जा रहा था?

*For word meaning see last pages of this book.

Past Perfect

Affirmative
Active: - Sub + had + V3 + Obj

बच्चे किताबें खरीद चुके थे।   The children had bought the books.

Passive: - Obj + had + been + V3 + by + Sub

किताबें बच्चों द्वारा खरीदी जा चुकी थी।   The books had been bought by the children.

Bare Passive: - Obj + had + been + V3

ये किताबें खरीदी जा चुकी थी।   These books had been bought.

Negative
Active: - Sub + had + not + V3 + Obj

मैं उसे नहीं पढ़ा चुका था।   I had not taught him.

Passive: - Obj + had + not + been + V3 + by + Sub

उसे मेरे द्वारा नहीं पढ़ाया जा चुका था।   He had not been taught by me.

Bare Passive: - Obj + had + not + been + V3

उसे नहीं पढ़ाया जा चुका था।   He had not been taught.

Interrogative
Active: - Had + Sub + V3 + Obj

क्या आप कम्प्यूटर ठीक कर चुके थे?   Had you repaired the computer?

Passive: - Had + Obj + been + V3 + by + Sub

क्या कम्प्यूटर आपसे ठीक किया जा चुका था?   Had the computer been repaired by you?

Bare Passive: - Had + Obj + been + V3

क्या यह कम्प्यूटर ठीक किया जा चुका था?   Had this computer been repaired?

Alert
मैं पढ़ा चुका था।   I had taught.

मुझे पढ़ाया जा चुका था।   I had been taught.

मैं पढ़ाता आ रहा था।   I had been teaching.

मैं पढ़ा रहा था।   I was teaching.

Exercise
क्या आपने यह कार चलायी? क्या यह कार आपके द्वारा चलायी गयी? क्या यह कार चलायी गयी? भारत ने यह मैच कैसे जीता? यह मैच भारत के द्वारा कैसे जीता गया? यह मैच कैसे जीता गया? आपने उसे यहां कब बुलाया? उससे कुछ क्यों नहीं पूछा गया? क्या उसे अमेरिका भेजा जा चुका है? यह काम कब पूरा किया जा रहा है? क्या उसने परीक्षा पास नहीं की? आप उससे कब मिलते हैं? क्या उसे पुलिस को कुछ नहीं बताना चाहिए? रवि घर कब पहुंच सका? आप अमेरिका क्यों नहीं जा सके? लोग दरवाजे खोल चुके थे। दरवाजे लोगों द्वारा खोले जा चुके थे। ये दरवाजे खोले जा चुके थे।

Future Indefinite

Affirmative

Active: - Sub + will + V1 + Obj

वह दीवारें रंगेगा।   He will paint the walls.

Passive: - Obj + will + be + V3 + by + Sub

दीवारें उसके द्वारा रंगी जायेगी।   The walls will be painted by him.

Bare Passive: - Obj + will + be + V3

ये दीवारें आज रंगी जायेगी।   These walls will be painted today.

Negative

Active: - Sub + will + not + V1 + Obj

मैं उसे माफ नहीं करूंगा।   I will not forgive her.

Passive: - Obj + will + not + be + V3 + by + Sub

उसे मेरे द्वारा माफ नहीं किया जायेगा।   She will not be forgiven by me.

Bare Passive: - Obj + will + not + be + V3

उसे माफ नहीं किया जायेगा।   She will not be forgiven.

Interrogative

Active: - Will + Sub + V1 + Obj

आप उसे क्यों डांटेंगे?   Why will you scold him?

Passive: - Will + Obj + be + V3 + by + Sub

उसे आपके द्वारा क्यों डांटा जायेगा?   Why will he be scolded by you?

Bare Passive: - Will + Obj + be + V3

उसे क्यों डांटा जायेगा?   Why will he be scolded?

Alert

मैं क्या पूछूंगा?   What will I ask?

मुझसे क्या पूछा जायेगा?   What will I be asked?

क्या मैं कुछ पूछूंगा?   Will I ask anything?

Exercise

तुम उसे कैसे हराओगे? उसे तुम्हारे द्वारा कैसे हराया जायेगा? उसे कैसे हराया जायेगा? आप उसे कहां भेज रहे हैं? उसे आपके द्वारा कहां भेजा जा रहा है? उसे कहां भेजा जा रहा है? क्या वह सच बताता है? तुम उससे नफरत क्यों करते हो? यह समस्या कैसे सुलझायी जायेगी? उसका इलाज कैसे किया जायेगा? क्या उसे माफ नहीं किया गया? वे शहर छोड़ चुके थे। क्या आपने उसे अपना नाम बताया? लोग गरीबों की मदद क्यों नहीं करते हैं? यह मैच कैसे जीता गया? यह काम कौन करता है? उसे क्या पढ़ाया जा रहा था? आप उसे मदद क्यों नहीं कर रहे थे? उसे आपके द्वारा मदद क्यों नहीं की जा रही थी? उसे मदद क्यों नहीं की जा रही थी? वह यहां क्या कर रहा था?

Future Perfect

Affirmative

Active: - Sub + will + have + V3 + Obj

डॉक्टर मरीज का इलाज कर चुकेंगे।   The doctor will have cured the patient.

Passive: - Obj + will + have + been + V3 + by + Sub

मरीज का डॉक्टर से इलाज किया जा चुकेगा।   The patient will have been cured by the doctor.

Bare Passive: - Obj + will + have + been + V3

इस मरीज का इलाज किया जा चुकेगा।   This patient will have been cured.

Negative

Active: - Sub + will + not + have + V3 + Obj

मैं उसे नहीं पढ़ा चुकूंगा।   I will not have taught him.

Passive: - Obj + will + not + have + been + V3 + by + Sub

उसे मेरे द्वारा नहीं पढ़ाया जा चुकेगा।   He will not have been taught by me.

Bare Passive: - Obj + will + not + have + been + V3

उसे नहीं पढ़ाया जा चुकेगा।   He will not have been taught.

Interrogative

Active: - Will + Sub + have + V3 + Obj

क्या तुम यह समस्या सुलझा चुकोगे?   Will you have solved this problem?

Passive: - Will + Obj + have + been + V3 + by + Sub

क्या यह समस्या तुमसे सुलझायी जा चुकेगी?   Will this problem have been solved by you?

Bare Passive: - Will + Obj + have + been + V3

क्या यह समस्या सुलझायी जा चुकेगी?   Will this problem have been solved?

Alert

वह धोखा देगा।   He will cheat.

उसे धोखा दिया जायेगा।   He will be cheated.

वह धोखा दे चुकेगा।   He will have cheated.

उसे धोखा दिया जा चुकेगा।   He will have been cheated.

Exercise

मैं उसे कैसे भूलूंगा? उसे मेरे द्वारा कैसे भूलाया जायेगा? उसे कैसे भूलाया जायेगा? तुम यह काम कैसे करोगे? यह काम तुम्हारे द्वारा कैसे किया जायेगा? यह काम आज कैसे किया जायेगा? उसने मुझसे यह सवाल क्यों पूछा? हमें रूपये कब दिये जायेंगे? अपराधी से क्या पूछा जा रहा है? ये दीवारें क्यों रंगी जायेगी? क्या आप उन्हें स्कूल भेज चुके थे? तुम वहां क्या कर रहे हो? यह काम कौन कर रहा था? वे ताले तोड़ चुकेंगे। ताले उनके द्वारा तोड़े जा चुकेंगे। ये ताले तोड़े जा चुकेंगे।

*For word meaning see last pages of this book.

VOICE OF MODALS

Can / Could / Should / Would / May / Must

Affirmative
Active: - Sub + modal + V1 + Obj

तुम्हें यह काम करना चाहिए।　　　　You should do this work.

Passive: - Obj + modal + be + V3 + by + Sub

यह काम तुम्हारे द्वारा किया जाना चाहिए।　　This work should be done by you.

Bare Passive: - Obj + modal + be + V3

यह काम आज किया जाना चाहिए।　　This work should be done today.

Progressive: - Sub + modal + be + V4 + Obj

तुम्हें यह काम करते रहना चाहिए।　　You should be doing this work.

Negative
Active: - Sub + modal + not + V1 + Obj

नितिन उसे नहीं पढ़ा सका।　　Nitin could not teach him.

Passive: - Obj + modal + not + be + V3 + by + Sub

उसे नितिन के द्वारा नहीं पढ़ाया जा सका।　He could not be taught by Nitin.

Bare Passive: - Obj + modal + not + be + V3

उसे नहीं पढ़ाया जा सका।　　He could not be taught.

Progressive: - Sub + modal + not + be + V4 + Obj

नितिन उसे नहीं पढ़ाता रह सका।　　Nitin could not be teaching him.

Interrogative
Active: - Modal + Sub + V1 + Obj

क्या वह शराब पीता होगा?　　Would he drink wine?

Passive: - Modal + Obj + be + V3 + by + Sub

क्या शराब उसके द्वारा पी जाती होगी?　Would wine be drunk by him?

Bare Passive: - Modal + Obj + be + V3

क्या शराब वहां पी जाती होगी?　　Would wine be drunk there?

Progressive: - Modal + Sub + be + V4 + Obj

क्या वह शराब पीता रहता होगा?　　Would he be drinking wine?

Exercise
उसे गिरफ्तार कैसे किया जा सकता है? क्या बच्चों को क्रिकेट खेलते रहना चाहिए? तुम्हें इंग्लिश नहीं पढ़ायी जाती होगी। उन्हें कैसे रोका जा सकता है? कविता नितिन से बात करती रहती होगी। उसे नहीं दौड़ते रहना चाहिए। यह घड़ी कैसे ठीक की जायेगी? आप अपराधी से क्या उम्मीद कर सकते हैं? यह रहस्य नहीं खोला जा सकता है? ये पेड़ नहीं काटे जाने चाहिए। तुम खुद को धोका क्यों दे रहे हो?

Have to / Has to / Had to

Affirmative

Active: - Sub + modal + to + V1 + Obj

हमें उससे कुछ पूछना है।   We have to ask him something.

Passive: - Obj + modal + to + be + V3 + by + Sub

उसे हमारे द्वारा कुछ पूछा जाना है।   He has to be asked something by us.

Bare Passive: - Obj + modal + to + be + V3

उसे अब कुछ पूछा जाना है।   He has to be asked something now.

Progressive: - Sub + modal + to + be + V4 + Obj

हमें उससे कुछ पूछते रहना है।   We have to be asking him something.

Negative

Active: - Sub + modal + not + to + V1 + Obj

आपको यह समस्या नहीं सुलझानी थी।   You had not to solve this problem.

Passive: - Obj + modal + not + to + be + V3 + by + Sub

यह समस्या आपसे नहीं सुलझायी जानी थी।   This problem had not to be solved by you.

Bare Passive: - Obj + modal + not + to + be + V3

यह समस्या नहीं सुलझायी जानी थी।   This problem had not to be solved.

Progressive: - Sub + modal + not + to + be + V4 + Obj

आपको समस्याओं को नहीं सुलझाते रहना था।   You had not to be solving problems.

Interrogative

Active: - Modal + Sub + to + V1 + Obj

मुझे अब क्या करना है?   What have I to do now?

Passive: - Modal + Obj + to + be + V3 + by + Sub

अब मेरे द्वारा क्या किया जाना है?   What has to be done by me now?

Bare Passive: - Modal + Obj + to + be + V3

अब क्या किया जाना है?   What has to be done now?

Progressive: - Modal + Obj + to + be + V4 + Obj

मुझे अब क्या करते रहना है?   What have I to be doing now?

Exercise

उसे यहां कैसे लाया जाना है? आपको यह काम करते रहना है। उसे उत्साहित कैसे किया जा सकता है? तुम कविता से क्यों मिला करते थे? आपने यह मैच क्यों नहीं देखा? उसका जीवन कैसे बचाया जा सकता है? हमें कुछ नहीं पूछा जायेगा। आतंकियों को कैसे मारा जा सका? उसे गिरफ्तार कैसे किया जा सकता है? क्या बच्चों को क्रिकेट खेलते रहना चाहिए? तुम्हें इंगलिश नहीं पढ़ायी जाती होगी। उन्हें कैसे रोका जा सकता है? कविता नितिन से बात करती रहती होगी। यह घड़ी कैसे ठीक की जायेगी? मुझे किताबें खरीदनी है। किताबें मेरे द्वारा खरीदी जानी हैं। ये किताबें खरीदी जानी हैं। मुझे किताबें खरीदते रहना है।

Could have / Should have / Would have

Affirmative

Active: - Sub + modal + have + V3 + Obj

आप उसे पढ़ा सकते थे।   You could have taught him.

Passive: - Obj + modal + have + been + V3 + by + Sub

उसे आपके द्वारा पढ़ाया जा सकता था।   He could have been taught by you.

Bare Passive: - Obj + modal + have + been + V3

उसे इंग्लिश पढ़ायी जा सकती थी।   He could have been taught English.

Progressive: - Sub + modal + have + been + V4 + obj

आप उसे पढ़ाते रह सकते थे।   You could have been teaching him.

Negative

Active: - Sub + modal + not + have + V3 + Obj

हमें यह काम नहीं करना चाहिए था।   We should not have done this work.

Passive: - Obj + modal + not + have + been + V3 + by + Sub

यह काम हमसे नहीं किया जाना चाहिए था।   This work should not have been done by us.

Bare Passive: - Obj + modal + not + have + been + V3

यह काम नहीं किया जाना चाहिए था।   This work should not have been done.

Progressive: - Sub + modal + not + have + been + V4 + obj

हमें यह काम नहीं करते रहना चाहिए था।   We should not have been doing this work.

Interrogative

Active: - Modal + Sub + have + V3 + Obj

क्या बच्चे कॉफी पी चुके होते?   Would the children have drunk coffee?

Passive: - Modal + Obj + have + been + V3 + by + Sub

क्या कॉफी बच्चों द्वारा पी जा चुकी होती?   Would coffee have been drunk by the children?

Bare Passive: - Modal + Obj + have + been + V3

क्या कॉफी हॉटेल में पी जा चुकी होती?   Would coffee have been drunk in the hotel?

Progressive: - Modal + Sub + have + been + V4 + obj

क्या बच्चे कॉफी पीते रहते?   Would the children have been drinking coffee?

Exercise

उसे यह शहर छोड़ देना चाहिए था। यह शहर उसके द्वारा छोड़ दिया जाना चाहिए था। यह शहर छोड़ दिया जाना चाहिए था। हम उससे आज मिल चुके होते। तुम यह लॉटरी जीत सकते थे। उसे स्कूल भेजा जाना चाहिए था। हमें वहां कैसे पहुंचना है? यह कार कब बेची जायेगी? हम यह काम कैसे छोड़ सकते हैं? आपने उसे आज क्या पढ़ाया? उसे आज क्या पढ़ाया गया? आप हमें कहां भेज रहे हैं? हमें कहां भेजा जा रहा है? तुम ये घड़ियां बेच सकते थे। ये घड़ियां बेची जा सकती थी। उसे यह काम करते रहना है। आप उसे समझा सकते थे। उसे आपके द्वारा समझाया जा सकता था। उसे समझाया जा सकता था।

Miscellaneous exercises

Exercise 1

तुम क्रिकेट खेलते हो। क्रिकेट तुम्हारे द्वारा खेला जाता है। क्रिकेट यहाँ खेला जाता है। तुम क्रिकेट खेल रहे हो। क्रिकेट तुम्हारे द्वारा खेला जा रहा है। क्रिकेट यहाँ खेला जा रहा है। तुम क्रिकेट खेल चुके हो। क्रिकेट तुम्हारे द्वारा खेला जा चुका है। क्रिकेट यहाँ खेला जा चुका है। तुमने क्रिकेट खेला। क्रिकेट तुम्हारे द्वारा खेला गया। क्रिकेट यहाँ खेला गया। तुम क्रिकेट खेल रहे थे। क्रिकेट तुम्हारे द्वारा खेला जा रहा था। क्रिकेट यहाँ खेला जा रहा था। तुम क्रिकेट खेल चुके थे। क्रिकेट तुम्हारे द्वारा खेला जा चुका था। क्रिकेट यहाँ खेला जा चुका था। तुम क्रिकेट खेलोगे। क्रिकेट तुम्हारे द्वारा खेला जायेगा। क्रिकेट यहाँ खेला जायेगा। तुम क्रिकेट खेल चुकोगे। क्रिकेट तुम्हारे द्वारा खेला जा चुकेगा। क्रिकेट यहाँ खेला जा चुकेगा। तुम क्रिकेट खेल सकते हो। क्रिकेट तुम्हारे द्वारा खेला जा सकता है। क्रिकेट यहाँ खेला जा सकता है। तुम्हें क्रिकेट खेलना है। क्रिकेट तुम्हारे द्वारा खेला जाना है। क्रिकेट यहाँ खेला जाना है।

Exercise 2
Translate this story into English.

यह एक जिला मजिस्ट्रेट की कहानी है जिसका एक शहर में एक सुंदर घर था। हर सुबह उन्हें सड़क पर आते–जाते लोगों को देखने की आदत थी। एक सुबह, जैसे ही वे खिड़की खोलते हैं, उन्हें सड़क पर ठंड में कांपता हुआ एक भिखारी दिखाई देता है। उसे दयनीय हालत में देखकर मजिस्ट्रेट अपने सहायक को आज उसे कंबल देने का आदेश देता है। फिर वह ऑफिस के लिए निकल जाता है और देर रात लौटता है। अगली सुबह, वह भिखारी को बिना कंबल के उसी हालत में देखता है। जब मजिस्ट्रेट पूछता है, तो सहायक उत्तर देता है: यदि हम उसे कंबल देते हैं, तो हमें सभी भिखारियों को देना होता। इसलिए आज हम सभी को कंबल खरीद कर देंगे। अगले दिन सुबह मजिस्ट्रेट ने भिखारी को बिना कंबल के मरा हुआ देखा। अब सहायक उत्तर देता है: सर हम सभी को कंबल दे रहे थे, इसलिए हमने उनके नाम वर्णानुक्रम में व्यवस्थित किए, लेकिन उसका नाम (z) अक्षर से शुरू हुआ। इसी बीच कुछ नकली भिखारी कतार में आ गए और जब उसकी बारी आई तो हमारे पास कंबल नहीं था।

Exercise 3
Compound sentences

आपने किताब नहीं खरीदी इसलिए आपको पैसे नहीं दिए गए। वह चोरी करता है इसलिए उसे पीटा जाता है। आप भूल जाते हैं जो नहीं भुलाया जाना चाहिए। वह करता है जो नहीं किया जाना चाहिए। तुम डॉक्टर बन सकते थे लेकिन तुमने कड़ी मेहनत नहीं की। लोग अमीर बन सकते थे लेकिन नेताओं ने उन्हें धोखा दिया। बच्चों को पढ़ाया जायेगा अगर वे इंग्लिश सीखना चाहते हैं। डॉक्टर को बताया जायेगा अगर मरीज दर्द महसूस करता है। उन्हें गिरफ्तार किया जायेगा अगर वे बुरे काम करते हैं। आपको सच बताया गया फिरभी आपने नहीं समझा। उसने पैसे बचाए फिर भी वह कार नहीं खरीद सका। उसे बाजार भेजा गया और उसके भाई को स्कूल भेजा गया। आपको मदद की जाएगी लेकिन आपके दोस्त को मदद नहीं की जाएगी।

*Some Hindi sentences are modified to help students translate easily.

SMART VERB

Start
Rule: - Sub + start + V4 + Obj

तुम खेलने लगते हो।	You start playing. / You begin to play.
क्या तुम खेलने लगते हो?	Do you start playing?
तुम क्यों खेलने लगते हो?	Why do you start playing?
वह दौड़ने लगी।	She started running. / She began to run.
क्या वह दौड़ने लगी?	Did she start running?
वह क्यों दौड़ने लगी?	Why did she start running?
शिक्षक पढ़ाने लगेंगे।	The teacher will start teaching.
क्या शिक्षक पढ़ाने लगेंगे?	Will the teacher start teaching?
शिक्षक क्यों पढ़ाने लगेंगे?	Why will the teacher start teaching?

Alert

तुम खेलते हो।	You play.
तुम खेलने लगते हो।	You start playing.
तुम खेलने लगे हो।	You have started playing.

Continue
Rule: - Sub + continue + to + V1 + Obj

वह खेलती रहती है।	She continues to play./She keeps playing.
क्या वह खेलती रहती है?	Does she continue to play?
वह क्या खेलती रहती है?	What does she continue to play?
शिक्षक पढ़ाते रहे।	The teacher continued to teach.
क्या शिक्षक पढ़ाते रहे?	Did the teacher continue to teach?
शिक्षक क्यों पढ़ाते रहे?	Why did the teacher continue to teach?
वह दौड़ती रहेगी।	She will continue to run.
क्या वह दौड़ती रहेगी?	Will she continue to run?
वह क्यों दौड़ती रहेगी?	Why will she continue to run?

Alert

वह खेलती है।	She plays.
वह खेलने लगती है।	She starts playing.
वह खेलती रहती है।	She continues to play.
वह खेलने लगी है।	She has started playing.
वह खेलती रही है।	She has continued to play.

Would

Different meanings of Would.

1. ता होगा (Past possibility)

वह फ्रेंच जानता होगा। He would know French.

2. कम संभावना (Less possibility in future)

वह कल यहां आयेगी। (कम संभावना) She would come here tomorrow.

3. आ करता था (Occasionally in past)

नितिन कविता से मिला करता था। (कभी–कभी) Nitin would meet Kavita.

4. निवेदन

क्या आप मुझे उसका नाम बतायेंगे? Would you tell me his name?

5. Indirect Narration

राम ने कहा कि वह खेलेगा। Ram said that he would play.

6. काश!

काश! वह यहां होता। Would that he were here!

Alert

वह स्कूल जाया करती थी। She would go to school. (not frequently)

वह स्कूल जाया करती थी। She used to go to school. (frequently)

वह स्कूल जाती होगी। She would go to school.

शायद यह होगा। (कम संभावना) It would happen.

शायद यह हो सकता है। (कम संभावना) It could happen.

क्या मैं आपसे कुछ पूछ सकता हूँ? Can I ask you something?

क्या मैं आपसे कुछ पूछ सकता हूँ? (निवेदन) Could I ask you something?

Exercise 1

Translate into Hindi.

I would not tell him anything. She would not like your habits. Will he start doing his work? Will the police continue beating the thief? She said that she would meet me next day. I would like to know your address. He starts speaking French. What does she start doing there? I started meeting him. People will start hiding truth. What did you start asking him? Why did you start scolding him? He starts weeping. He continues to weep.

Exercise 2

Translate into English.

वह वहां क्या करता है? वह वहां क्या करने लगता है? वह वहां क्या करता रहता है? आपने उसे क्यों डांटा? आप उसे क्यों डांटने लगे? आप उसे क्यों डांटते रहे? वह मुझसे बात करती है। वह मुझसे बात करने लगती है। वह मुझसे बात करती रहती है। तुम उससे सवाल क्यों पूछने लगे? तुम उससे सवाल क्यों पूछते रहे? लोग झूठ बोलते हैं। लोग झूठ बोलने लगते हैं। लोग झूठ बोलते रहते हैं।

Have

Different meanings of Have.

1. पास में होना
I have a book for you.   मेरे पास आपके लिए एक किताब है।
2. खाना / पीना
Would you have coffee with me?   क्या आप मेरे साथ कॉफी पीयेंगे?
Did you have your lunch?   क्या अपने लंच कर लिया?
3. लेना / ग्रहण करना
Have your seat please.   कृपया अपना स्थान ग्रहण कीजिए।
Have fun!   मजा लीजिये।
4. ना है, पड़ता है (मजबूरी)
I have not to talk to him.   मुझे उससे बात नहीं करनी है।
I do not have to talk to him.   मुझे उससे बात नहीं करनी है। (New Grammar)
5. करवाना
She will have her hair colored.   वह अपने बाल कलर करवायेगी।
I will have him call you.   मैं उससे आपको कॉल करवाउंगा।
6. सहना
They will not have her anger any more.   वे अब उसका गुस्सा ज्यादा नहीं सहन करेंगे।
7. चुका है
I have told you everything.   मैं तुम्हें सब कुछ बता चुका हूं।

Alert

I have to call him.   मुझे उसको कॉल करना है।
I had to call him.   मुझे उसको कॉल करना था।
I have had to call him.   मुझे उसको कॉल करना ही है।
I will have him call you.   मैं उससे आपको कॉल करवाउंगा।
I have had enough.   मेरे लिए अब बहुत हो गया है।

Exercise 1
Translate into Hindi.

Does he have a black pen? I do not have to give him money. When will you have them caught? What time are you going to have dinner today? She would be your best companion. They asked me how much they would pay for that. Did he have enough money to survive? I have sent the children to school. I have to send the children to school. I am having to send the children to school. I have had to send the children to school. You have to have a pen with you.

*This lesson explains extensive usage of 'Have' in English.

Get
Different meanings of Get.

1. पाना / मिलना
How much did you get for it? — तुम्हें इसके लिए कितने रूपये मिले?
2. लगना
I am getting cold. — मुझे ठंड लग रही है।
3. समझना
She got your point very clear. — उसे तुम्हारी बात बिल्कुल समझ में आयी।
4. दिलाना
Get me your manager on phone. — अपने मैनेजर को फोन पर लाओ।
5. करवाना
They will get this work done. — वे लोग यह काम करवा लेंगे।
6. होना
It is getting darker. — अंधेरा ज्यादा हो रहा है।

Go
Different meanings of Go.

1. जाना
When is he going from here? — वह यहां से कब जा रहा है?
2. होना
Why are you going mad about it? — तुम इसके लिए पागल क्यों हो रहे हो?
3. बिकना
How are mangoes going these days? — आम इन दिनों कैसे बिक रहे हैं?
4. सफलता
It is a big go of my life. — यह मेरे जीवन की बड़ी सफलता है।
5. प्रगतिशील
If you are go, life is good. — अगर आप प्रगतिशील हैं, जिन्दगी अच्छी है।

Exercise
Translate into Hindi.
Go and get it done. It is getting hot and uncomfortable. You have to get this machine repaired. Don't get me wrong. It is going to be late. What is going to happen? They got the idea on time. Would you like to assist me in this work? Could I be with you in the party? It can not be understood easily. They can get if they want.

Be

Different meanings of Be.

1. है

I am to go from here.　　　　　　　　मैं यहां से जाने को / जाने वाला हूं।

2. बनना

Will you be my friend?　　　　　　　क्या तुम मेरा दोस्त बनोगे?

3. होना

You have to be positive about it.　　तुम्हें इसके लिए पॉजेटिव होना है।

4. हो / हो जाये (आदेश)

He be hanged.　　　　　　　　　　उसे फांसी दे दी जाये।

Praised be to God!　　　　　　　　ईश्वर की जय हो!

5. चाहे

Be it nine or ten, I will come home.　चाहे नौ बजे या दस, मैं घर आऊँगा।

Look

Different meanings of Look.

1. देखना

Look at the girls dancing in the party.　पार्टी में नाचती लड़कियों को देखो।

2. दिखना

You look very tired today.　　　　　तुम आज बहुत थके दिखते हो।

3. देखो!

Look! I will not do this work.　　　देखो, मैं यह काम नहीं करूंगा।

4. दिखावट

The look of the hotel has to be changed.　हॉटेल का लुक बदला जाना है।

5. फैशन

Go behind originality, not the look.　वास्तविकता के पीछे जाओ, फैशन के नहीं।

6. नज़र

She gave me a look from the corner.　उसने कोने से मुझ पर एक नज़र डाली।

Exercise

एक दिन, रोजी ब्रेड खरीदने के लिए एक किराने की दुकान पर गई। जब उसने देखा कि दुकानदार ग्राहकों के साथ व्यस्त है, तो उसने एक जार से कुछ टॉफियाँ चुरा लीं। जब वह घर वापस आई तो उसकी मां ने उससे पूछा कि उसे टॉफी कहां से मिलीं? रोजी ने अपनी माँ को सच बताया। उसकी माँ ने कहा, ''चोरी करना वाकई बहुत बुरी बात है। दुकानदार भले ही आपकी ओर नहीं देख रहा हो, लेकिन भगवान हर समय आपकी ओर देख रहा है। इसलिए, किसी को कभी भी चोरी नहीं करनी चाहिए।'' रोजी को अपनी माँ की बात समझ में आ गई और वह दुकानदार को टॉफियाँ लौटाने के लिए दुकान पर वापस चली गई। दुकानदार उसकी ईमानदारी देखकर खुश हुआ और उसे इनाम में कुछ टॉफियाँ दीं।

Do

Different meanings of Do.

1. करना
When are you doing this work?   तुम यह काम कब कर रहे हो?
2. अध्ययन करना
I did English in school.   मैंने इंग्लिश की पढ़ाई स्कूल में की।
3. सुलझाना
He did the puzzle in a second.   उसने पज़ल को एक सेकंड में सुलझा दिया।
4. तो
I do know him.   मैं उसे जानता तो हूं।
5. लायक होना
It will not do for me.   यह मेरे लिये नहीं चलेगा।

May

Different meanings of May.

1. सकता है (संभावना)
She may pass this exam.   वह यह परीक्षा पास कर सकती है।
2. आदेश
You may leave now.   तुम अब जा सकते हो।
3. अनुरोध
May I have your name please?   क्या मैं आपका नाम जान सकता हूं?
4. कामना करना
May you get victory!   मेरी कामना है कि आप विजयी हों।
5. might = बहुत कम संभावना
She might accept your proposal.   शायद वह आपका प्रस्ताव स्वीकार करे।
6. might = शक्ति
Truth disappears in front of might.   शक्ति के सामने सच गायब हो जाता है।

Exercise

एक शहर में एक पंसारी रहता था और उसके पास एक बिल्ली थी। बिल्ली एक अनोखे और बहुत महंगे कटोरे से दूध पीती थी। एक दिन एक यात्री रास्ते से गुजर रहा था और वह किराने की दुकान पर रुका। उसके रुकने का कारण वह कटोरा था। यात्री दुकानदार से कहता हैः लालाजी, मैं आपकी सुन्दर बिल्ली खरीदना चाहता हूँ। कृपया मुझे कीमत बताओ। काफी मोलभाव के बाद बिल्ली की कीमत दस हजार रुपये तय हुई। जैसे ही वह बिल्ली खरीदता है और आगे बढ़ता है, वह मुस्कुराते हुए वापस किराने की दुकान की ओर मुड़ता है। "आपने अपनी बिल्ली बेच दी है, तो कटोरा भी मुझे दे दो," यात्री ने अनुरोध किया। लेकिन अंततः पंसारी ने खुलासा कियाः इस कटोरे के कारण, मैंने पचास बिल्लियाँ बेची हैं।

PREPOSITION

About

1. लगभग
It is about 4 o'clock.   लगभग चार बजे है।
2. की तैयारी में
He is about to leave.   वह जाने की तैयारी में है।
3. के बारे में
What are you talking about?   तुम किसके बारे में बात कर रहे हो?
4. की योजना में
I know what she is about.   मैं जानता हूं वह किस योजना में है।

Above

1. से उपर
The fan is hanging above the table.   पंखा टेबल के उपर लटका हुआ है।
2. से अधिक
You are getting above your salary.   तुम्हें अपनी सॅलरी से अधिक मिल रहा है।
3. से अमीर
He married in above his family.   उसने अपने से अमीर परिवार में शादी की।
4. श्रेष्ठ
The clerk should respect his above.   क्लर्क को अपने सीनियर का सम्मान करना चाहिए।
5. समझ से बाहर
French is above you.   फ्रेंच तुम्हारी समझ से बाहर है।
6. से ज्यादा
You speak above your age.   आप अपनी उम्र के हिसाब से ज्यादा बोलते हैं।

Around

1. चरों ओर
The moon goes around the earth.   चंद्रमा पृथ्वी के चारों ओर चक्कर लगाता है।
2. आस पास
Will you be around next week?   क्या आप अगले सप्ताह आसपास रहेंगे?
3. इधर उधर
I used to live around here.   मैं यहीं इधर उधर रहता था।
4. लगभग
He arrived in Australia around 1984.   वह 1984 के आसपास ऑस्ट्रेलिया पहुंचा।

After

1. के बाद

Don't read after midnight.　　　　　　　　　आधी रात के बाद मत पढ़ो।

2. के चक्कर में

The pick-pocket is after his money.　　　　पॉकेटमार उसके पैसे के चक्कर में है।

3. के कारण

He died after malaria.　　　　　　　　　　वह मलेरिया के कारण मर गया।

4. से अधिक

Give me all you have after Rs. 500.　　　　500 रूपये से अधिक तुम्हारे पास जितना है मुझे दो।

5. से पीछे

I am after you.　　　　　　　　　　　　मैं आपके बाद हूं।

6. की उम्र के बाद

He changed his career after 25.　　　　　उसने 25 के बाद अपना करीयर बदल लिया।

7. बाद का

I can not be sure about afterworld.　　　　मैं परलोक के बारे में निश्चित नहीं हो सकता हूं।

8. के नाम पर

He was named after the name of the city. शहर के नाम पर उसका नाम रखा गया।

At

1. के समय पर

The bus reached me at 4 pm.　　　　　　बस ने मुझे चार बजे पहुंचाया।

2. के पास

He is standing at the gate.　　　　　　　वह गेट के पास है।

3. के किनारे

The temple is at the river.　　　　　　　मंदिर नदी के किनारे है।

4. के हिसाब से

He was hired at Rs. 100 a day.　　　　　उसे 100 रू दिन के हिसाब से काम पे रखा गया।

5. की तरफ

What are you looking at?　　　　　　　तुम किस तरफ देख रहे हो?

6. में

They will live rest of life at village.　　　　वे बांकी जिंदगी गांव में गुजारेंगे।

7. की रफ्तार से

The car is running at full speed.　　　　　कार पूरी रफ्तार से चल रही है।

8. आखिर में

She agreed to marry me at last.　　　　　वह आखिर में मुझसे शादी करने के लिए तैयार हुई।

9. के करीब

The old man is at death.　　　　　　　　बूढ़ा आदमी मृत्यु के करीब है।

10. पर

Angry at what I saw, I returned.　　　　　मैंने जो देखा उससे क्रोधित होकर मैं लौट आया।

Against

1. के खिलाफ

The public is against the vote. — लोग वोट के खिलाफ है।

2. के सहारे, से लग कर

I was standing against the tree. — मैं पेड़ के सहारे खड़ा था।

3. के लिए

He received Rs. 5000 against the rent. — उसे किराये के लिए 5000 रू मिले।

4. के विपरीत

The boat is sailing against the wind. — बोट हवा के विपरीत चलाया जा रहा है।

Before

1. से पहले

There was no one before 2 pm. — दो बजे से पहले कोई नहीं था।

2. के सामने

Everything is open before you. — सब कुछ आपके सामने खुला है।

3. पहले

Before education wasn't so important. — पहले शिक्षा इतनी जरूरी नहीं थी।

By

1. से

Why are you going by car? — तुम कार से क्यों जा रहे हो?

2. द्वारा

This work can't be done by the labors. — यह काम मजदूरों द्वारा नहीं हो सकता है।

3. के सहारे

The police caught the thief by his hair. — पुलिस ने चोर को बाल से पकड़ा।

4. तक

He will come back by evening. — वह शाम तक वापस आयेगा।

5. मात्रा से

The bullet missed him by an inch. — गोली उसे एक इंच छोड़ के निकल गयी।

6. के पास से

He drove the car by the jungle. — उसने जंगल के पास से कार चलायी।

7. पास

Come and sit by me. — आओ और मेरे पास बैठो।

8. के हिसाब से

You will be paid by the week. — आपको सप्ताह के हिसाब से पैसे दिये जायेंगे।

*Some words are spelt in this book as per American English.

By

1. के पीछे

Who was standing behind the gate?   गेट के पीछे कौन खड़ा था?

2. में शामिल

The police know the culprit behind plot.   पुलिस साजिश में शामिल गुनहगार को जानती है।

3. से कम

I am not behind you.   मैं तुमसे कम नहीं हूं।

4. समय से पीछे

The watch is running behind time.   घड़ी समय से पीछे चल रही है।

From

1. से

What do you want from me?   तुम मुझसे क्या चाहते हो?

He is from a noble family.   वह एक अच्छे परिवार से है।

2. समय से

The school would open from 16 June.   स्कूल 16 जून से खुलेगा।

3. से दूर

How long is the station from here?   स्टेशन यहां से कितना दूर है?

4. कारण से

He died from fever.   वह बुखार से मर गया।

For

1. के लिए

You have to pay for your deeds.   तुम्हें अपने कर्म की सजा भोगनी होगी।

What are you asking me for?   तुम मुझे क्यों पूछ रहे हो? (क्या+के लिए)

2. रूपये में

I bought it for 10 Rs.   मैंने इसे 10 रू में खरीदा।

3. समय से

I have been waiting for two hours.   मैं दो घंटे से इंतजार करता आ रहा हूं।

4. को लेकर

He can die for his words.   वह अपने वचन को लेकर मर सकता है।

5. जिसके लिए

For he traveled across the country.   जिसके लिए उसने पूरे देश की यात्रा की।

6. के हिसाब से

This car runs 60 km for a liter.   यह कार 60 किमी प्रति लीटर चलती है।

7. के वास्ते

They are living for bread only.   वे सिर्फ खाने के वास्ते जी रहे हैं।

8. बचाने के लिए

He ran for life.   वह अपनी जान बचाने दौड़ा।

In
1. में
He is in London for three weeks.   वह तीन सप्ताह से लंदन में है।
2. समय में
What were you doing in the morning?   तुम सुबह में क्या कर रहे थे?
3. के बाद
I will meet you in a week.   मैं तुमसे एक सप्ताह बाद मिलूंगा।
4. अंदर
She is taking me in.   वह मुझे अंदर लेके जा रही है।
5. रंग में
Don't write in red.   लाल रंग से नहीं लिखो।

Into
1. के अंदर
Look into the book.   किताब के अंदर देखो।
2. में
He fell into the well.   वह कूएं में गिर गया।
3. (देर रात) में
I saw her studying into the night.   मैंने उसे देर रात में पढ़ते देखा।

On
1. पर
Put the computer on the table.   कम्प्यूटर को टेबल पर रख दो।
2. को
I will be leaving on Tuesday.   मैं मंगलवार को जाउंगा।
3. में
The officers are on the way for office.   ऑफिसर्स ऑफिस आने के लिए रास्ते में हैं।
4. जारी
The war was on for next two years.   जंग अगले दो साल तक जारी था।
5. होने पर
On getting drunk he started abusing.   पी लेने पर वह गाली देने लगा।
6. स्थान पर
Where do you put on?   तुम कहां रहते हो?
7. तरफ
He turned his back on the crowd.   उसने अपनी पीठ भीड़ की तरफ मोड़ ली।

Of

1. का
The jacket is made of leather.　　　जैकेट लेदर का बना हुआ है।
2. से
Beware of dogs!　　　कुत्तों से सावधान!
3. में से
Which of you can run faster?　　　तुममें से कौन ज्यादा तेज़ दौड़ सकता है?
4. के कारण
She died of AIDS.　　　वह एड्स के कारण मरी।

Off

1. दूर
Get off.　　　दूर हो जाओ।
2. दूसरी ओर
Why is he sailing off the shore?　　　वह किनारे से दूसरी ओर क्यों जा रहा है?
3. बंद
Turn off the PC.　　　कम्प्यूटर बंद कर दो।
4. से हटकर
Off Link Road.　　　लिंक रोड से दूर हटकर।
5. छुट्टी
I will have off next Monday.　　　अगले सोमवार मैं छुट्टी लूंगा।
6. मृत
He is off.　　　वह मर गया है।
7. (pay off) = दे कर छुटकारा करना
I paid him off.　　　मैंने उसे पैसे देकर छुटकारा कर लिया।

Over

1. ऊपर
There is a clock hanging over his head.　　　उसके सर के ऊपर घड़ी टंगी है।
2. इस पार से उस पार
The thief jumped over the wall.　　　चोर दीवार के इस पार से उस पार फांद गया।
3. से ज्यादा
The car is running over 60.　　　कार 60 से ज्यादा की गति से चल रही है।
4. समाप्त
The show is getting over.　　　शो समाप्त होने जा रहा है।
5. अति
Don't behave to be over-talented.　　　अति प्रतिभावान दिखनेवाला व्यवहार मत करो।

To

1. को
He is going to America. वह अमेरिका (को) जा रहा है।

2. तक
Keep it to yourself. इसे अपने तक सीमित रखो।

3. द्वारा
You are known to all. तुम सब के द्वारा जाने जाते हो।

4. से
I told him to talk to you. मैंने उसे तुमसे बात करने को कहा।

5. में
Welcome to India. भारत में आपका स्वागत है।

6. पास
Come to me before 6 pm. मेरे पास 6 बजे से पहले चले आना।

7. तक
Count from 10 to 25. दस से पच्चीस तक गिनो।

8. से
Multiply 4 to 6. 4 को 6 से गुणा करो।

9. से कम
It is quarter to ten. दस बजने में 15 मिनिट कम है।

10. पर
Don't take it to your heart. इसे दिल पर मत लो।

With

1. के साथ
He is living with his aunt. वह अपनी चाची के साथ रह रहा है।

2. से
I am writing with a blue pen. मैं नीले पेन से लिख रहा हूं।

3. तैयारी के साथ
Start the work with proper plans. सही याजनाओं के साथ काम शुरू करो।

4. से भरा हुआ
His mind is filled with fanaticism. उसका दिमाग धार्मिक कट्टरता से भरा हुआ है।

5. में
Girl with sharp feature is my neighbor. तीखे नैन नक्श वाली लड़की मेरी पड़ोसन है

Up

1. ऊपर

He was lifted up the hills.   उसे पहाड़ी से उपर उठाया गया।

2. चालू

The internet is up now.   इंटरनेट अब चालू हो गया।

3. चढ़ाव

The business is full of ups and downs.   बिजनेस बहुत उतार चढ़ाव से भरा है।

4. ऊपरी

The upside of the door is broken.   दरवाज़े का उपरी हिस्सा टूटा है।

Upon

1. पर

Upon her head she wore a black hat.   उसने सिर पर काली टोपी पहनी।

2. के ऊपर

That depends upon circumstances.   यह परिस्थितियों के ऊपर निर्भर करता है।

3. ज्यों ही

Upon your arrival, please report to me.   अपने आगमन पर, कृपया मुझे रिपोर्ट करें।

Some more prepositions

According to	के अनुसार
Agreeably to	से सहमत होते हुए
Along with	के साथ
Away from	से दूर
Because of	के कारण
By dint of	के सहारे से
By means of	के जरिये
By reason of	के कारण से
By virtue of	के आधार पर
By way of	से होकर
Conformably to	के जैसा
For the sake of	की खातिर
In accordance with	के मुताबिक
With reference to	के संदर्भ में
In addition to	से जोड़ते हुए
On the behalf of	की तरफ से
In case of	की स्थिति में
In comparison to	की तुलना में
In compliance with	के मुताबिक
In consequence of	के परिणाम में
In course of	के क्रम में
In favor of	के हित में
In lieu of	के बदले में
In order to	के लिए
In reference to	के संदर्भ में
In regard to	के संबंध में
In the event of	की दशा में
On account of	के कारण
On condition that	के शर्त पर कि
Owing to	के कारण
With a view to	के नजरिये से

CONJUNCTION

Will you wait <u>until</u> I return?
क्या तुम मेरे लौटने तक प्रतीक्षा करोगी?

You will pass the exam <u>if</u> you work hard.
यदि तुम कड़ी मेहनत करोगे तो तुम परीक्षा में उत्तीर्ण हो जाओगे।

Go slow <u>lest</u> you should fall.
धीरे चलो, ऐसा न हो कि तुम गिर जाओ।

Give him all the information <u>provided</u> you know it.
उसे सारी जानकारी दें, बशर्ते आप उसे जानते हों।

Since you say <u>so</u>, I must believe it.
चूँकि आप ऐसा कहते हैं, मुझे इस पर विश्वास करना ही होगा।

Tell them <u>that</u> I will come.
उनसे कहो कि मैं आऊंगा.

He finished first <u>though</u> he began late.
देर से शुरू करने के बावजूद वह पहले स्थान पर रहा।

She will not pay <u>unless</u> she is compelled.
जब तक उसे बाध्य नहीं किया जाएगा, वह भुगतान नहीं करेगी।

<u>When</u> I was young, I thought so.
जब मैं छोटा था तो मैं ऐसा सोचता था।

I don't know <u>when</u> he comes.
मुझे नहीं पता कि वह कब आता है।

He found his watch <u>where</u> he had left it.
उसे अपनी घड़ी वहीं मिली जहां उसने उसे छोड़ा था।

I don't understand <u>how</u> it all happened.
मुझे समझ नहीं आ रहा कि ये सब कैसे हुआ।

Make hay <u>while</u> the sun shines.
कल करे सो आज, आज करें सो अब।

I know <u>why</u> he left us.
मुझे पता है उसने हमें क्यों छोड़ा।

She should be honest <u>only then</u> she can become great.
उसे ईमानदार होना चाहिए तभी वह महान बन सकती है।

They know <u>what</u> they should not speak.
वे जानते हैं कि उन्हें क्या नहीं बोलना चाहिए.

I asked him <u>if</u> he was learning French.
मैंने उससे पूछा कि क्या वह फ्रेंच सीख रहा है।

<u>Either</u> take it <u>or</u> leave it.
या तो ले लो या छोड़ दो।

It is <u>neither</u> useful <u>nor</u> ornamental.
यह न तो उपयोगी है और न ही सजावटी।

We <u>both</u> love <u>and</u> honor him.
हम दोनों उससे प्यार करते हैं और उसका सम्मान करते हैं।

I waited <u>till</u> the train arrived.
मैंने ट्रेन आने तक इंतजार किया।

He is richer <u>than</u> I am.
वह मुझसे ज्यादा अमीर है।

I did not come <u>because</u> you did not call me.
मैं इसलिये नहीं आया क्योंकि तुमने मुझे बुलाया नहीं।

We arrived <u>after</u> you had gone.
आपके जाने के बाद हम पहुंचे।

Don't go <u>before</u> I come.
मेरे आने से पहले मत जाना।

I was wandering <u>whether</u> you can help me.
मैं सोच रहा था कि क्या आप मेरी मदद कर सकते हैं?

Is the story true <u>or</u> false?
कहानी सच्ची है या झूठी?

<u>Though</u> he is suffering pain, <u>yet</u> he does not complain.
यद्यपि उसे दर्द हो रहा है, फिर भी वह शिकायत नहीं करता।

<u>Not only</u> is he foolish, <u>but</u> obstinate <u>also</u>.
वह न केवल मूर्ख है, बल्कि जिद्दी भी है।

The notice was published <u>in order that</u> all might know the fact.
नोटिस इसलिए प्रकाशित किया गया था ताकि सभी को तथ्य पता चल सके।

I will forgive you <u>on the condition that</u> you do not repeat it.
मैं तुम्हें इस शर्त पर माफ कर दूंगा कि तुम ऐसा दोबारा नहीं करोगे।

Such an act would not be kind <u>even if</u> you were just.
यदि आप न्यायप्रिय हों तो भी ऐसा कृत्य दयालु नहीं होगा।

He saved some bread <u>so that</u> he should not go hungry.
उसने कुछ रोटी बचा ली ताकि वह भूखा न रहे।

He walks <u>as though</u> he is slightly lame.
वह ऐसे चलता है मानो थोड़ा लंगड़ा हो।

I must refuse your request, <u>in as much as</u> I believe it unreasonable.
मुझे आपका अनुरोध अवश्य अस्वीकार करना चाहिए, क्योंकि मैं इसे अनुचित मानता हूँ।

Five years have passed <u>since</u> he began to work.
उन्हें काम शुरू किये पांच साल बीत चुके हैं।

She must weep <u>or</u> she will die.
उसे रोना ही होगा अन्यथा वह मर जायेगी।

A boy <u>who</u> tells lies gets punished.
झूठ बोलने वाले लड़के को सजा मिलती है।

He <u>as well as</u> his friend was present there.
वह और उसका दोस्त भी वहां मौजूद थे।

He took off his coat <u>as soon as</u> he entered the house.
घर में घुसते ही उसने अपना कोट उतार दिया।

You look <u>as if</u> you are tired.
तुम ऐसे लग रहे हो जैसे तुम थक गये हो.

He is slow <u>but</u> he is sure.
वह धीमा है लेकिन वह निश्चित है।

I was annoyed <u>still</u> I kept quiet.
मुझे गुस्सा आ रहा था, फिर भी मैं चुप रहा।

I would come <u>only that</u> I am engaged.
मैं तभी आऊंगा जब मेरी सगाई हो जाएगी।

They do not move <u>nor</u> do they spin.
वे न तो हिलते हैं और न ही घूमते हैं।

Walk quickly <u>else</u> you will not overtake him.
जल्दी चलोय अन्यथा तुम उससे आगे नहीं निकलोगे।

Something certainly fell in, <u>for</u> I heard a splash.
कुछ अवश्य ही अंदर गिरा, क्योंकि मैंने छपाक की आवाज सुनी।

A famous book, <u>though</u>, there is nothing in it.
हालाँकि, यह एक प्रसिद्ध किताब है, लेकिन इसमें कुछ भी नहीं है।

<u>As</u> he was not there, I spoke to his brother.
चूँकि वह वहाँ नहीं था, मैंने उसके भाई से बात की।

<u>Except</u> you repent, you can not do anything else.
सिवाय पश्चात्ताप के तुम और कुछ नहीं कर सकते।

Many things have happened <u>since</u> I saw you.
जब से मैंने तुम्हें देखा है, बहुत सी बातें हुई हैं।

If I am blunt, <u>yet</u> I am honest.
अगर मैं मुंहफट हूं फिर भी मैं ईमानदार हूं।

I wonder <u>if</u> he will come.
मुझे आश्चर्य है कि क्या वह आएगा।

<u>Not that</u> I loved her less <u>but that</u> I loved her family more.
ऐसा नहीं है कि मैं उससे कम प्यार करता था बल्कि मैं उसके परिवार से ज्यादा प्यार करता था।

He kept quiet <u>that</u> the dispute might cease.
वह चुप रहा कि कहीं विवाद थम न जाये।

The girls sang <u>while</u> the boys played.
लड़कियाँ गाती थीं जबकि लड़के खेलते थे।

The day is pleasant <u>only</u> rather cold.
दिन केवल ठंडा होने के कारण सुखद है।

So rich is he <u>that</u> he can buy a car.
वह इतना अमीर है कि एक कार खरीद सकता है।

It is because he is weak <u>that</u> he can not run.
कमजोर होने के कारण वह दौड़ नहीं सकता।

<u>Since that</u> it is raining, we should not go out.
चूँकि बारिश हो रही है, हमें बाहर नहीं जाना चाहिए।

<u>Even if</u> you abuse me, I will continue to love you.
भले ही तुम मुझे गाली दोगे, मैं तुमसे प्यार करता रहूंगा।

It seems <u>as if</u> / <u>as though</u> it would rain.
ऐसा लगता है मानो/मानो बारिश होगी।

<u>No sooner</u> I came in he asked me the question.
मेरे अंदर आते ही उसने मुझसे सवाल पूछा।

I know <u>that is why</u> I do not boast.
मैं जानता हूं इसीलिए मैं घमंड नहीं करता.
However poor he may be <u>but</u> he is happy.
वह कितना भी गरीब क्यों न हो लेकिन खुश है।

Exercise
Fill in the blanks with correct conjunction.

You will not succeed – you work hard. Catch me – you can. I will stay – you return in. Bread – milk is wholesome food. You will get the prize – you deserve it. I will be ruined – you do that. She is – tall – fair. Do you know – were you born? Try to understand the lesson – the teacher is teaching. I asked him – he was leaving for London. He is not strong – he is gone to fight. You call me – you reach there. She behaves – she is innocent. I was late – I had no watch. He should not be so cruel – he is illiterate. You – your friend must have done it. She called me – I should help her with money. He thinks he is smarter – everyone. Teach her home – send her to school. Give me to drink – I will die of thirst. He deserved to succeed – he worked hard. He will be sure to come – you invite him. We can travel by land or water. The earth is larger – the moon. Either you are mistaken – I am. I hear that your brother is in America. Be just – do not fear.

SPOKEN ENGLISH TOPICS

Topic 1
Self-Introduction

My name is ......
My father's name is ......
My education is ......
I am a ......
My ambition is to become a ......
I have ...... brothers and ...... sisters.
My father is a ...... (job).
And my mother is a ...... (job).
We stay at ......
My hobbies are ......
I always like ......
And I strongly dislike ......
There are total ...... members in my family.
We love each other very much.
My family is a happy family.
Thank you.

Topic 2
My Favorite Movie

The movie I like most is ......
I watched this movie in a ...... (theatre).
I watched it ...... years ago.
It was a nice experience for me.
It was in ...... language.
The hero of this movie is ......
And the heroine of this movie is ......
The story of this movie is very ......
The music is also ......
The best thing of this movie is ......
I watched it ...... times.
It is really a ...... movie.
I recommend it to all.
More detail about this movie is available online.
I would love to watch its sequel.
Thank you.

Topic 3
My Favorite Actor

The actor I like most is ......
He / she is the actor of ...... (Bollywood) film industry.
He is acting in movies from ...... years.
I have watched his many movies.
The best movie of him is ......
I watched it ...... years ago.
His acting in this movie is amazing.
He looks very handsome on the screen.
His speaking style is marvelous.
His other hit movies are ......
He is a great actor of film industry.
He is considered an A grade performer.
His movies are good in all sense.
He has millions of fan followers.
I am waiting for his next movie.
Thank you.

Topic 4
My Nice City

...... is a great city of India.
It is the ...... (capital) of ...... (state).
I have been living in this city for ...... years.
This urban area is very populated.
People have busy life here.
This city is famous for ......
Living here is very expensive.
There are many beauty spots here like ......
My purpose of living here is ......
I like this city for its ......
We have good transport system.
I mostly travel by ......
The education system of this city is also helpful.
This is a city of global fame.
I wish all should know about it.
Thank you.

Topic 5
The Best Beauty Spot

The beauty spot I like most is ......
It is located at ......
It is one of the famous beauty spots of India.
I have visited this place ...... (five) times.
I came to know about it from ......
It is blissful and soul-soothing.
This place is known for ......
I like ...... of this spot very much.
The best time to visit it ......
Going by ...... (train) is most convenient for visitors.
It is also less expensive for people.
It takes .... of time for entire tour.
We see about this spot also on television.
Touring is always joyful to me.
I suggest all to visit this place once.
Thank you.

Topic 6
The Best TV Show

The best TV show for me is ......
It comes on ...... channel.
I have been watching this show for ...... years.
The schedule of this program is ...... (one hour).
This show is good for family entertainment.
Its presentation is also systematic.
The timing of it is ......
Watching television is a good jollification.
I like to watch ...... (comedy) part of this show.
It is coming on TV from past ...... years.
The best thing of this program is ......
It is an enjoyable show for all.
I don't miss any part of this program.
People of all age love to watch this show.
This show is very famous among urban people.
Thank you.

Topic 7
My Favorite Brand

The brand name I like most is ……
I use …… product of this brand.
I have been using it for …… years.
Its name also looks good to me.
The quality of this brand is …… (good).
I purchase its product for …… rupees.
These products are worth the price.
My family also uses this product.
This brand company originated in …… (India).
The best thing of this brand is ……
The other products of this brand are …… ……
These products are available all over.
I came to know about it from ……
Their advertisement is also seen everywhere.
I recommend this brand to all.
Thank you.

Topic 8
My Ideal Person

My ideal person is ……
He / she was born in ……
I like …… quality of him a lot.
I came to know about him from ……
He is known to all for his …… (quality).
I learnt from him to progress in life.
He really deserves to be called my ideal.
I also recollect his advices in difficult time.
He is a good motivator for my life.
We can find more information about him from ……
People talk about his achievement quite often.
He shaped my career and life.
He is the most inspirational person for me.
We love to talk about his persona.
I want all should know about him.
Thank you.

WORD MEANING

Pronoun

मैं	I
तुम	you
हम	we
वह लड़का	he
वह लड़की	she
वे लोग	they

मैं	I	मेरा	my	मुझे	me
तुम	you	तुम्हारा	your	तुम्हें	you
हम	we	हमारा	our	हमें	us
वह	he	उसका	his	उसे	him
वह	she	उसकी	her	उसे	her
वे	they	उनका	their	उन्हें	them

Verb Patterns

लिखना	write	wrote	written
पढ़ना	read	read	read
बोलना	speak	spoke	spoken
पढ़ाना	teach	taught	taught
दौड़ना	run	ran	run
लेना	take	took	taken
देना	give	gave	given
खरीदना	buy	bought	bought
बेचना	sell	sold	sold
रोना	cry	cried	cried
हंसना	laugh	laughed	laughed
पीटना	beat	beat	beaten
डांटना	scold	scolded	scolded
बताना	tell	told	told
भेजना	send	sent	sent
सुनना	hear	heard	heard
जीतना	win	won	won
करना	do	did	done
सुनाना	narrate	narrated	narrated
प्यार करना	love	loved	loved

गाना	sing	sang	sung
गाली देना	abuse	abused	abused
पाना	get	got	gotten
रहना	live	lived	lived
मदद करना	help	helped	helped
पूछना	ask	asked	asked
जवाब देना	answer	answered	answered
पसंद करना	like	liked	liked
भरोसा करना	trust	trusted	trusted
ठहरना	stay	stayed	stayed
खेलना	play	played	played
देखना	see	saw	seen
पीना	drink	drank	drunk
खाना	eat	ate	eaten
जाना	go	went	gone
आना	come	came	come
धोखा देना	cheat	cheated	cheated
बनाना	make	made	made
मारना	kill	killed	killed
मरना	die	died	died
हराना	defeat	defeated	defeated
सलाह देना	advise	advised	advised
तोड़ना	break	broke	broken
शादी करना	marry	married	married
चलाना	drive	drove	driven
बुलाना	call	called	called
पहुंचना	reach	reached	reached
रखना	put	put	put
दिखाना	show	showed	showed
उठना	get up	got up	got up
बैठना	sit	sat	sat
बात करना	talk	talked	talked
मिलना	meet	met	met
जानना	know	knew	known
गिरफ्तार करना	arrest	arrested	arrested
समझना	understand	understood	understood
सीखना	learn	learnt	learnt
लड़ना	fight	fought	fought
भूलना	forget	forgot	forgotten

General words

दुर्घटना	accident
भविष्य	future
उज्वल	bright
उत्साहित करना	encourage
देशप्रेम	patriotism
भी	also
गुजरा समय	past
यहां	here
वहां	there
रोज	daily
कोई	any
सवाल	question
वहां से	from there
कुछ	anything
चोर	thief
इन दिनों	these days
कितना	how much
जब तक	until
लेकिन	but
जब	when
फिर भी	still
अगर	if
जो	who / what
दूसरे	other
कि	that
सिर्फ	only
ठीक तरह	properly
हमेशा	always
लोग	people
इसलिए	so
घर	home
सोचना	think
लेना	take
सच	truth
झूठ बोलना	tell a lie
कमाना	earn
रोकना	stop

गरीब	poor
जैसा	as
नफरत करना	hate
मुश्किल	trouble
छोड़ना	leave
माफ करना	forgive
यह सब	all this
मांफी मांगना	apologize
गलती	mistake
समस्या	problem
सुलझाना	solve
विदेशी	foreigner
शक	doubt
दूर करना	clear
कौन सी	which
भाषा	language
नियुक्त करना	appoint
क्योंकि	because
वापस	back
शहर	city
पूरा करना	complete
तभी	only then
जिन्दा रहना	survive
ये	these
सब कुछ	everything
याद रखना	remember
बनना	be / become
कितना	how much
के लिए	for
तारीफ करना	appreciate
बारे में	about
विश्वास करना	believe
साथ देना	support
छुपाना	hide
नेता	politicians
गुमराह करना	mislead
सामना करना	face
सही	proper
बदलना	change

पढ़ाई करना	study
राजनीति	politics
पहले	before
और ज्यादा	any more
अब तक	till now
जुल्म करना	oppress
इलाज करना	cure
सिपाही	soldier
बददुआ देना	curse
कर्म	deeds
खर्च करना	spend
सलाह	advice
बार बार	again and again
खाना बनाना	cook
समान	luggage
हटाना	remove
के रूप में	as
उम्मीद करना	expect
डरना	fear
बहाना	excuse
बचाना	save
सम्मान करना	respect
खोलना	open
रहस्य	secret

....

Communicate with People

Listen to Them Carefully

Engage in Conversation

Develop Your Style

Read As Much As Possible

Speak Confidently

NIRANJAN JHA SHOWMAN

Founder - Niranjan Jha Showman

Education and Technology Research Center

Patankar Park, Nallasopara (W), Mumbai. +91-9561450045

Education, Technology, Publication, Healthcare, Newsmedia, Realtor, Filmmaking

www.facebook.com/cromosys

Cromosys Publication
Teach
Yourself
German
NIRANJAN JHA SHOWMAN

Cromosys Publication

Teach
Yourself
French

NIRANJAN JHA SHOWMAN

Cromosys Publication
Teach
Yourself
Spanish
NIRANJAN JHA SHOWMAN

Cromosys Publication

English
Voice
Accent and
Pronunciation

NIRANJAN JHA SHOWMAN

Teach
Yourself
Autodesk
MAYA
Cromosys Publication
NIRANJAN JHA SHOWMAN

Cromosys Publication
Teach
Yourself
Autodesk
3ds Max
NIRANJAN JHA SHOWMAN

CRIMINAL FACTORY

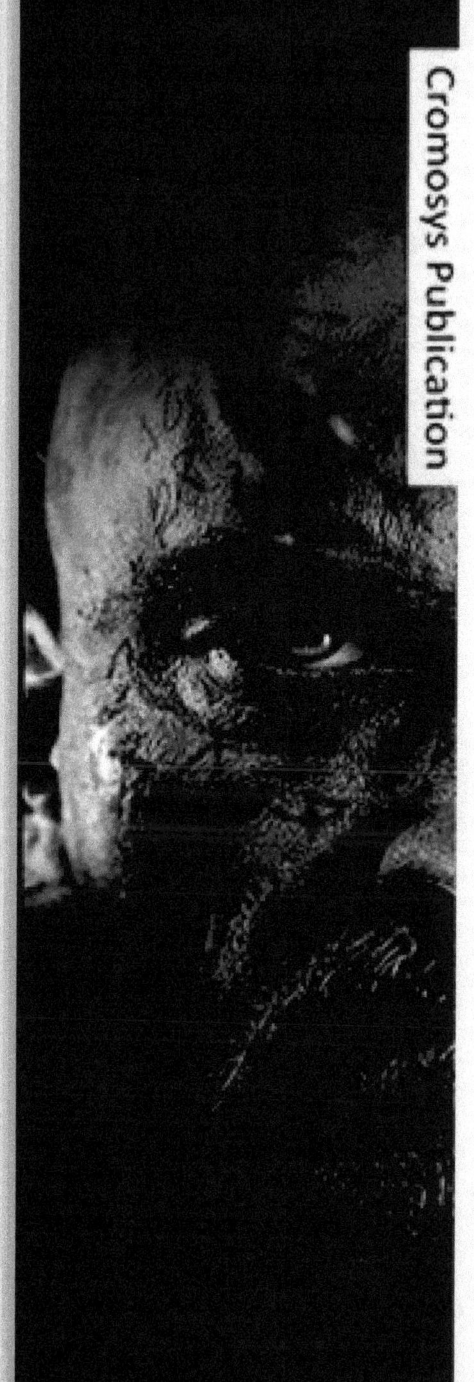

Cromosys Publication
FOCAL DISASTER
NIRANJAN JHA SHOWMAN

Cromosys Publication
Your talents will not help you succeed
without your skill of using them.
NIRANJAN JHA SHOWMAN
BE
MILLIONAIRE
LIKE
ME

Copyright Office
Government of India

सत्यमेव जयते

Extracts
from the Register
of Copyrights

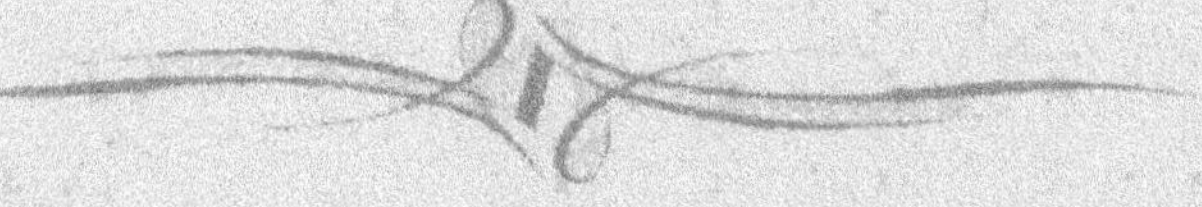

Dated : 20/03/2016

1.	Registration Number	:	**L-28372-2016**
2.	Name, address and nationality of the applicant	:	NIRANJAN JHA SHOWMAN, CROMOSYS PUBLICATION, 001, JAYSATYAM, PATANKAR ROAD, NALLASOPARA (W), MUMBAI, MAHARASHTRA - 401203. INDIAN
3.	Nature of the applicant's interest in the copyright of the work	:	AUTHOR
4.	Class and description of the work	:	LITERARY / BOOK
5.	Title of the work	:	ENGLISH SPEAKING AND GRAMMAR THROUGH HINDI
6.	Language of the work	:	ENGLISH
7.	Name, address and nationality of the author and if the author is deceased, date of his decease	:	NIRANJAN JHA SHOWMAN, CROMOSYS PUBLICATION, 001, JAYSATYAM, PATANKAR ROAD, NALLASOPARA (W), MUMBAI, MAHARASHTRA - 401203. INDIAN
8.	Whether the work is published or unpublished	:	UNPUBLISHED
9.	Year and country of first publication and name, address and nationality of the publisher	:	N.A.
10.	Years and countries of subsequent publications, if any, and names, addresses and nationalities of the publishers	:	N.A. SAME AS ABOVE
11.	Names, addresses and nationalities of the owners of various rights comprising the copyright in the work and the extent of rights held by each, together with particulars of assignments and licences, if any	:	
12.	Names, addresses and nationalities of other persons, if any, authorised to assign or licence of rights comprising the copyright	:	N.A.
13.	If the work is an 'Artistic work', the location of the original work, including name, address and nationality of the person in possession of the work. (In the case of an architectural work, the year of completion of the work should also be shown).	:	N.A.
14.	If the work is an 'Artistic work', whether it is registered under the Designs Act 2000 if yes give details.	:	N.A.
15.	If the work is an 'Artistic work', capable of being registered as a design under the Designs Act 2000,whether it has been applied to an article though an industrial process and ,if yes ,the number of times it is reproduced.	:	N.A.
16.	Remarks, if any	:	

Diary Number :   2417/2016-DC/L
Date of Application :   22/07/2015
Date of Receipt :   22/07/2015

DEPUTY REGISTRAR OF COPYRIGHTS